LIFE

ライフスタイルデザイン

STYLE

「遊び」と「好奇心」で設計する
これからの生存戦略

DESIGN

小 澤 良 介
Ryosuke Ozawa

きずな出版

「成功の秘訣は、自分の職業をレジャーとみなすことだ」

——マーク・トウェイン（米・小説家／1835～1910）

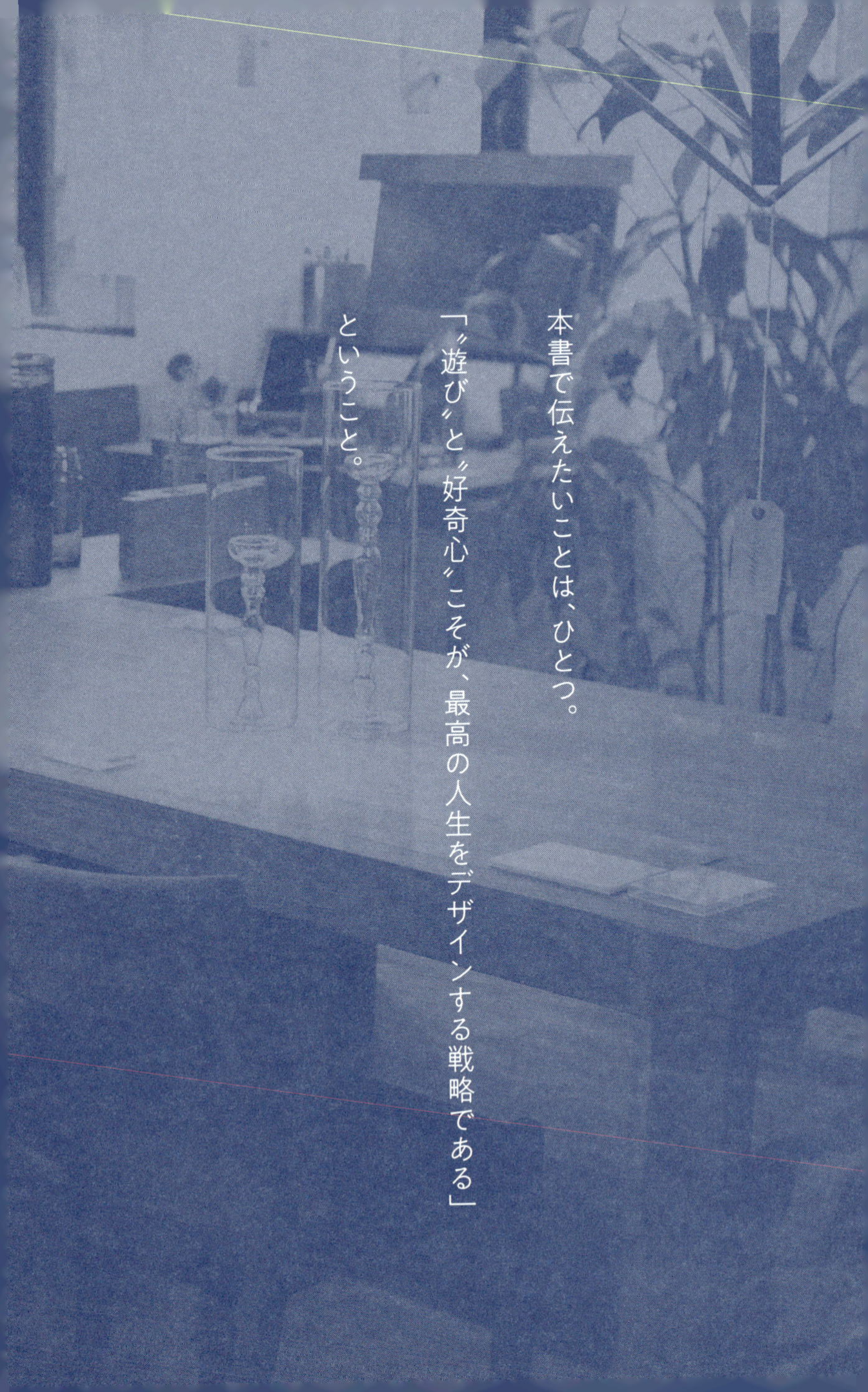

本書で伝えたいことは、ひとつ。

「〝遊び〟と〝好奇心〟こそが、最高の人生をデザインする戦略である」

ということ。

さあ、遊ぶように本気で仕事をし、
仕事をするように真剣に遊ぼう。

人生をより良くデザインする22のポイント

01 ライフスタイルは自由にデザインできると知る

02 あなたがブランドになれ!

03 まずは真似から入ろう

04 「コツコツ真面目に」を抜け出し、センスを磨け!

05 遊びは「人脈」「仕事」「アイディア」……すべてに結びつく

06 これからは「好き」と「仕事」の距離がさらに近づいていく

07 好きなことを見つけ、つまみ食いしまくれ!

08 遊びの世界に、社会的地位なんて関係ない

09 ギャップはチャンス

10 趣味に迷ったら、まずはスポーツから

11 SNSのマイナス面なんて、気にするな

PROLOGUE

「遊び」と「好奇心」こそが未来を創る生存戦略

「より良い人生を送りたい」
「自分らしい生き方をしたい」
「楽しい毎日を送りたい」

誰もが願うことです。
では、どうしたらその願いが実現するのでしょうか。
これまで多くの人が、より豊かな人生を送る手段や戦略として主軸に置いてきたのは、「仕事」でした。

とくに私たち日本人は、よく働く民族です。どんな仕事に就《つ》き、いくら稼ぎ、どんな風に働き、どんな結果を出したか……それが自分のアイデンティティとなる。

「どこで働いているの？」

「最近仕事どう？」

初対面の人と会ったときや、飲み会の場でも、会話の中心となるのは仕事のことばかりですよね。

私の「仕事」は、インテリアと空間デザイン、そしてアクセリーを取り扱う、リグナ株式会社の代表です。２００４年にインテリア通販サイトを立ち上げて以降、ショールームの運営や、オリジナル家具の企画製造、個人邸のインテリアコーディネートなどを手がけてきました。ドラマセットや、オフィス・ホテル・飲食店の空間コーディネートも、数多くお声がけいただいています。

また、自分で好きにＤＩＹできるアクセサリーショップの展開などもしています。

最近は、ブランディング講師として、大学やセミナーに招かれる機会も増えました。

一方で私は、趣味としての活動を通して、駅伝大会でチーム優勝経験のあるランナーであり、元プロミュージシャンたちと組むバンドのボーカルでもあります。ファッション好きが高じて、ファッションショーの審査員を務めたこともありました。

何が言いたいかというと、インテリア会社代表やブランディング講師は、私のごく一面に過ぎないということです。

むしろ、「仕事以外」の趣味や日常生活の中から、ビジネスを成長させるアイディアや人に数多く出会い、助けられてきました。

たとえば、リグナがインテリアを手がけた千葉県館山市の高級貸別荘「ケアンズハウス」は、テレビ東京系列のドラマ「バイプレイヤーズ」の舞台に選ばれ、おかげさまで高評価をいただきました。

趣味で海外旅行に出かけたり、絵を描いたり、あるいはウェイクボードの集まりでメディア関係の友人ができたり……という経験から、こういった仕事につながったことは少なくありません。

テクノロジーが発達し、ＡＩが台頭する社会において、多くの日本人が「アイデンティティ」として人生を捧げてきた仕事の約8割は、失われようとしています。

現代ほど、仕事においても人生すべてにおいても、「変化」と「新たな生存戦略」が求められている時代はありません。

過去の常識ややり方は通用しませんし、どんなに緻密《ちみつ》な計画を立てても、その通りに進むことは、まずありえないでしょう。

それを上回るスピードで世の中が動いているからです。

それならば過去のあり方に縛られず、自分の手で新しい未来を創ってしまえばいい。

「どうやったらもっと楽しくなるのか」

「面白いと思ったことを、とりあえずやってみよう」

この発想を持てるかどうかが、未来を開拓し、ビジネスや人生を前進させるための生存戦略になると、私は思います。

そして、せっかく新しいことをやるのであれば、よりワクワクすることや、ワクワクできる方法でチャレンジするのです。

ワクワクにマニュアルは存在しません。

ライフスタイル、そして生き方は、もはや自分で自由にデザインできる時代です。

必要なのは「好奇心」と「真剣に遊ぶこと」。

一人ひとり異なる「好奇心」や「遊び」で、どれだけ自分らしい人生をデザインすることができるか――。

これからの時代は、それが人生の豊かさのカギになると、私は確信しています。

著者

CONTENTS

LIFE STYLE DESIGN

ライフスタイルデザイン

「遊び」と「好奇心」で設計するこれからの生存戦略

CHAPTER 2

人生の可能性の広げ方

CHAPTER 3

CHAPTER 4

戦略としてのセンスの磨き方

CONTENTS

人生を豊かにする具体的ツール

CHAPTER 5

ブックデザイン　池上幸一
協力　露木彩（オフィス高森）

LIFE STYLE DESIGN

ライフスタイルデザイン

「遊び」と「好奇心」で設計する これからの生存戦略

CHAPTER
1

最高のライフスタイルは、「遊び」と「好奇心」でデザインできる

「人生の快適さ」をデザインする

LIFE STYLE DESIGN ▶

私がインテリアに目覚めたきっかけは、小学生時代の引越し体験にさかのぼります。実家はもともと、和風の平屋の一軒家でした。寝るときは布団、一家団らんはコタツ、食事をするときは座布団に正座をしていました。

私が9歳くらいのときに、その家を建て直すことになり、しばらく「仮住まい」に移ることになったのですが……この仮住まいがすごかった。

「家」と呼べるのかすら怪しいような木造プレハブ小屋で、トイレも古びた和式。家具も、新しい家に移るためにほとんど処分してしまったので、最低限のものだけ。

仮住まいだから、とりあえず住むことができればいいと思ったのか、学区内に適当な貸家がなかったのか、一時的にとはいえ両親がなぜそこを選んだのかは、いまでもナゾです。とにかく、快適さとは真逆にあるような住まいだったのです。

そして一年くらい経って、ようやく新しい家が完成しました。

新しい家はアメリカンハウス。バブルの最中、父親の仕事が好調だったこともあり、オシャレな家の中に最新のインテリアが置かれました。

それまでは布団しか知らなかったのに、寝る場所がベッドになり、家族で話をするのは座布団ではなくリビングのソファーセットになり、コタツは暖炉になり……。

インテリアが変わるだけで、こんなに生活スタイルと気持ちが変わるのかと、幼な心に衝撃を受けました。

とくにわが家の場合は、和風と洋風の間に〝プレハブ小屋生活〟を挟んでいるので、ギャップが凄まじかった。

朝起きる場所がプレハブ小屋の布団からアメリカンハウスのベッドになると、自分は何も変わっていないのに、まるで生まれ変わったような気分になったものです。

建物があって、それに合わせてインテリアが置かれ、居住空間ができあがる。そして、その居住空間のあり方によって、ライフスタイルが大きく変わる。

空間が人生に与える影響の大きさを、私はそのとき身をもって体験したのです。

だから、リグナはインテリアショップですが、インテリア単体ではなく、「空間」の快適さにこだわってきました。

私は、個人の家やオフィスなど、空間をデザインするプロデューサーとして仕事をさせていただく機会が多々あります。

私が空間をデザインする際、相手や場所に拘わらず、気をつけていること、こだわっていることがあるのですが、その一部をご紹介します。

・余計なものを置かず、本当に必要なものだけ取り入れる

- **表面的なオシャレさではなく、利便性や快適さを追求する**
- **朝目覚めた瞬間に、気分が良くなるような空間にする**
- **その人らしさを重視する**
- **自然が感じられる空間にする**
- **そこに居る人の人生が良くなるように、心をこめる**

これらを意識するだけで、空間が、そして人生が大きく変わります。

この仕事をしていると、実際に、自宅やオフィスの空間が変わるだけで、人生が大きく変わる人をたくさん見ます。

会社のインテリアを変えただけで優秀な新卒社員が劇的に増えた会社、仕事場をクリエイティブな空間に変えただけでヒット作を連発するようになったデザイナー、自宅のイスとアートを変えただけで異性にモテるようになった友人、引っ越し先のマンションの部屋をフルコーディネートして、大物女優と結婚が決まった仲間……など、数え上げればキリがありません。

こんな瞬間を見られるのが、私の仕事の醍醐味《だいごみ》です。

さらに、この仕事を続けてきて、新たに気づいたことがあります。

それは、「空間と同じように、人生もデザインできる」ということです。

「空間の快適さ」にこだわることで人生が大きく変わるように、「人生の快適さ」にこだわってライフスタイルを意識的にデザインすることで、人生は劇的に輝き出す。

ライフスタイルデザインのコツも、空間デザインと同じです。

- **できるだけ不要なものは排除して、好きなことをする**
- **表面的なカッコよさだけでなく、中身や合理性を追求する**
- **朝、目覚めた瞬間に、一日が楽しくなるような毎日を送る**
- **自分の個性や強みを生かす**
- **自然や健康を大切にする**

部屋は、どんなインテリアを選んで、どんなふうに配置するかで雰囲気がガラリと変わります。同じアパートの、同じ間取りの部屋のはずなのに、住んでいる人とインテリアが違うだけで、まったく違う空間になりますよね。ゴチャゴチャと散らかった部屋に住むのか、洗練された快適な部屋に住むのかは、住人次第なのです。


人生も同じです。

一日24時間、一年365日は、誰にとっても変わりません。

そこで、誰と何をするかで、豊かさが変わってきます。

人生のデザインと、空間のデザインで異なるのは、「誰がやるのか」ということ。

空間のデザインは、私のような第三者のプロに任せることができますが、自分の人生をデザインできるのは自分だけです。

どんな仕事をして、休日には何をするのか？

どんな人と付き合い、何を学ぶのか？
元気で楽しい毎日を送るために、何ができるのか？

これを「なんとなく」とか「どうでもいい」とか、とくにこだわりもなくやり過ごしていると、いつまでたっても、「なんとなく」な「どうでもいい」人生しか送ることはできません。

豊かで快適な人生を送れるかどうかは、自分の設計次第。

ライフスタイルを、いかに自分らしくデザインできるかで、人生の幸福度、充実度は何十倍、何百倍も変わるのです。

POINT

ライフスタイルは自由にデザインできると知る

LIFE STYLE DESIGN ▶

自分の価値は、自分で設計しよう

私たちの会社リグナは、創業した当初から「数字」にはこだわってきませんでした。

正直な話、創業からしばらくは、どんぶり勘定といってもいい体制でした。

もちろん会社として経営を続ける以上、赤字にならないこと、数字を上げることは絶対必要です。

経営者として、そこに責任もあります。

でも、だからこそ私は数字よりも「ブランド」を育てることを優先してきました。

数字にとらわれると、本来の目的を見失う危険があります。

リグナには、「空間と人がときめくようなインテリアを提供したい」というミッションがあります。

しかし、空間と人の「ときめき」は、簡単に数値で測れるものではありません。

一方、売り上げなどの数字は、誰にでもわかりやすいデータです。

一目瞭然で「結果」が見えるからです。

わかりやすい目の前の数字にとらわれると、まるでゲームのような感覚で、1を2に、2を20にしていくことに、夢中になってしまいがちです。

そうすると、買う気のないお客様に押し売りをしたり、安易な値引きをしたり、会社の信用を落とすような相手と取引をしてしまったりします。

目先の売り上げにとらわれることで、「商品を通じて、多くの人に喜んでもらいたい」という、本来の目的が忘れ去られてしまうのです。

じつは数字を上げること自体は、手段を選ばなければ、そんなに難しいことではありません。

だからこそ数字にとらわれると、結果的に「目先の数字は上がるけれども、他と代わり映えのしない会社」になってしまいます。

すると、「この会社にしかない魅力」の打ち出しができなくなり、長期的なブランディングの確立が難しくなるのです。

私があえて、数字にフォーカスしてこなかった理由は、ここにあります。

数字を重視しないことで、資金的にはどんなに「おいしい」相手であっても、ブランドのイメージを落とすような取引先との関係は、迷わず断ち切ることができた。

こうした姿勢を貫いてきたからこそ、リグナの個性を伸ばすことができ、「育てる価値のあるブランド」に成長させることができたと思っています。

企業としては、まだまだ成長途中ですが、最近テレビドラマのインテリア監修などをすると、それを見た人から「リグナっぽいと思った」と言ってもらえることが増えてきました。

これは非常に嬉しいことです。

「数字」ではなく、「リグナらしさ」にこだわってきた成果だと思うからです。

もっと多くの人に、「洗練された快適な空間＝リグナ」と認識されるようになりたいと思っています。

インターネット検索のことを、「ググる」と言うように、カッコいい空間の代名詞が「リグナ」と言われるようになることを目指しています。

そのために、これまで以上にブランド力の育成に力を入れていくつもりです。


じつは私は、2017年末から中国の四大学府のひとつであり、中国大学ランキング3位でもある浙江《せっこう》大学の顧問兼講師に就任しました。担当は浙江大学MBAコースのブランディング・ファッション分野です。

そこからの縁で、最近、中国の若者たちを相手にブランディングの講義をする機会に恵まれています。

こうした中国の学生からの反応を受けて、私自身、ブランディングの必要性や面白さを改めて実感することができました。

ブランディングが必要なのは、会社だけではありません。

私たちはいま、不安定かつ変化の激しい時代に生きています。

職業や勤めている会社、肩書きだけでは、何のアピールにもなりません。

これまで尊敬の対象だった医師や弁護士も、ただ職業を名乗るだけでは、「もうすぐその仕事もＡＩに取って代わられるらしいですね。大変ですね」としか言われなくなってしまいます。

「医師です」「弁護士です」だけではなく、「どんな医師か」「どんな弁護士か」といった部分、つまり一人ひとりの個性が、これまで以上に求められていくのです。

そこで重要なのが、「個」のブランディングです。

いまの職業がなくなったとして、あるいは形を変えたとして、自分は何ができるか？

自分のブランド力は、自分で設計するしかありません。

自分の独自性や強みを伸ばす。時には、周りからの「期待感」を高めるような演出も必要です。

これを、「セルフブランディング」と言います。

セルフブランディングというと、「自意識過剰」とか「芸能人でもないのに恥ずかしい」と感じる人がいるかもしれません。

でも先ほど述べたように、どんな人であっても、自分らしさの追求や、相手や社会に対して自分しかできないことのアピールが必要な時代が、もうすでに来ているのです。セルフブランディングとは、すなわち生存戦略です。

さあ、あなたは、いまのままで大丈夫ですか？

POINT

あなたがブランドになれ！

ブランディングは、どうすればうまくいくのか？

LIFE STYLE DESIGN ▶

企業でも個人でも、ブランディングに失敗するパターンは共通しています。
失敗の原因は、大きく分けると、たいてい次の2つです。

- **自己中心的（自己満足）である**
- **中身が伴っていない**

自分の魅力のとらえ方や見せ方が「自己中心的」だと、ただの「押し売り」や「勘違い野郎」になってしまい、「求められる人」になることはできません。

たとえば、美味しいコーヒーを求めている人に、真正面から「緑茶の素晴らしさ」

を訴えても相手にされず、「うるさい人だな」と思われるだけでしょう。

しかし、緑茶に詳しいからこそ知っているコーヒーの魅力や楽しみ方を提供できたら、ただコーヒー〝だけ〟に詳しい人以上に、重宝されるかもしれません。

また、見かけばかりカッコよくして、中身が伴っていないと、「期待はずれ」感が強くなります。プラス方向のギャップは大きな魅力につながりますが、マイナス方向のギャップは、信頼を失う結果にしかなりません。

「ブランディング」と言うと、見かけや演出にばかり力を入れて、薄っぺらいイメージを持つ人もいるかもしれませんが、それは正しい認識ではありません。

ブランディングに成功する企業や人ほど、表面的な工夫以上に、中身の成長に力を入れているものです。

最初は「カッコよく見せたい」などの表面的なイメージから入っても構いません。

カッコいい人の真似をして、実際にカッコよくなっていけばいいのです。

いま思えば、リグナも最初は真似からでした。

たとえば、「ｈｈｓｔｙｌｅ」（青山に本店のあるデザイナーズ家具店）のショップに行って、「このインテリアいいな、この並べ方は素敵だな」と勉強させてもらいました。

素敵だと思うショップに通い詰めたり、憧れの人の話を聞いたりして、それに近づこうと真似をしていくうちに、「こうやってみようかな」という、自分なりの方法が見つかっていくものです。

他を知っているからこそ、自分なりの方法や考え方が見つかったとき、「これが自分の強みだ」と自信が持てることもあります。

自分の強みややりたいことが見つからないという人は、ぜひ真似から入ってみるようにしてください。きっと道が拓けるはずです。

具体的なセルフブランディングの方法は、後の章で詳しく述べたいと思います。

POINT

まずは真似から入ろう

生存戦略としての「遊び」と「好奇心」

LIFE STYLE DESIGN ▶

ＡＩの時代が訪れています。

遅くとも２０４０年頃には、いまの人間の仕事の８割は、機械に取って代わられると言われています。

すでに、ロボットだけの無人工場は世界中で運営されています。それは、単純で安いモノの製造に限りません。たとえばスマートフォンは、精密な技術を要する製品ですが、ほぼ７割がロボットによってつくられているそうです。

さらに、２０４５年には、「シンギュラリティ」が訪れると言われています。シンギュラリティ（技術的特異点）とは、人工知能が発達して人間の知能を超えること。人間に代わって、人工知能や人工知能が生み出した新たな存在が、文明を進歩させていく時代が、もうすぐそこまで来ているのです。

シンギュラリティが２０４５年に現実化するかどうかについては、懐疑論もあるようですし、私はそちらの分野の専門家ではないので、ここを詳しく語るつもりはありませんが、**肝心なのは、人類が経験したことのない方向とスピードで時代が進んでいるということです。**

この時代を生きている以上、どんな職業についている人も、どんな立場の人も、この「変化」の波から逃れることはできません。

ほとんどの仕事のあり方が、ＡＩの台頭によって大きく変化しますし、市場や業界そのものが消滅する仕事もあるでしょう。

過去のやり方を模倣して、コツコツと知識や技術を積み重ねることは、これまでは「真面目だ」と評価されていたかもしれませんが、これからは違います。

変化する、あるいは、なくなることがわかっている以上、既存の方法を踏襲《とうしゅう》することには価値がありません。

たとえばタクシーの運転手。時間をかけて道を覚えて、確かな運転技術を習得しても、それはカーナビと自動運転に取って代わられてしまいます。

実際に産業革命後、馬車の需要はなくなり、自動車の時代となりました。真面目でベテランの御者ほど、時代の変化についていくことができず、失業したと言われています。

あるいは薬剤師。お金をかけて薬科大学に通い、何年もかけて薬について知識を習得しても、コンピューターによる一瞬の検索で、病状や体質に合った薬が処方できるようになってしまいます。

だからといって、タクシーの運転手や薬剤師という職業が、この世の中からまったく不必要になるのかというと……それは違います。

乗客とこまやかなコミュニケーションが取れて、気が利くタクシー運転手は、自動運転が普及する時代において、むしろ価値の高い貴重な存在となっていくでしょう。

薬剤師も、高齢社会が進む中で、認知や行動に支障をきたしている患者に、こまやかで臨機応変に対応できる人材が、求められていると言います。

人と心を通わせたり、空気を読んで相手に合わせた対応をしたりすることは、データで動くＡＩには、まだまだ難しいでしょう。

私は、真面目にやることを批判したいわけではありません。

「コツコツ真面目に」という気質自体の価値は、今後も変わらないでしょう。

その実直さが人の心に響いたり、新たな可能性を生み出す原動力になることもあると思います。

ただし、受け身で、言われたことや過去のやり方をそのままやり続けるだけでは、時代に取り残されて必要とされない人材になるだけ。

ＡＩが台頭する社会は、全人類が未経験の世界です。

たとえば、これまでの日本はアメリカを見ていれば、ある程度の未来予測ができ、「傾向と対策」が可能だと考えられてきました。

しかし、これからは違います。誰も答えを知らないこと、画一的な正解を弾き出せないことに、挑んでいかなければならない。

そのために必要なのが、個人の「センス」です。

若い人の中にはピンとこない人もいるかもしれませんが、三谷幸喜《みたにこうき》さん脚本の「古《ふる》畑任三郎《はたにんざぶろう》」は、現在でもたびたび再放送されるような、フジテレビを代表する大ヒットドラマです。

じつは、１９９４年に放送された、このドラマのファーストシーズンの視聴率は、

14パーセントほど。当時のフジテレビにとっては、「失敗作」と評価されるくらいの低視聴率だったそうです。

しかし番組編成の担当者が、スタッフの雰囲気や友人からの評判、電車内でふと耳にした会話などから、このドラマのさらなる可能性を感じて、続編の製作を断行したところ、社会的な大ヒットとなったのです。

ＡＩが数字だけ見て判断していたら、セカンドシーズンはつくられず、後世に残るほどのコンテンツとなることもなかったでしょう。

センスは、既存の仕事のやり方を踏襲したり、過去の常識やデータに縛られたりしているだけでは、磨くことができません。

では、センスは何で磨かれるのか……？

それは、「遊び」と「好奇心」です。

過去のやり方や、ルーティンワークが価値を持たなくなるなら、その慣習やルーティンから、飛び出さなければなりません。

遊びや好奇心は、「慣習から抜け出すきっかけ」をつくってくれます。

いつもより1時間早く起きて、散歩に出かけてみる。スポーツの大会に出てみる。友達と一緒に新しいレストランに行ってみる。通勤手段を変えてみる……。

そんなちょっとした「面白そうだからやってみよう」から、世界は無限に広がっていきます。

損得抜きで、夢中になって、心からワクワクする。

そんな遊びから、新しい価値をつくり出すようなセンスが磨かれていくのです。

POINT

「コツコツ真面目に」を抜け出し、センスを磨け！

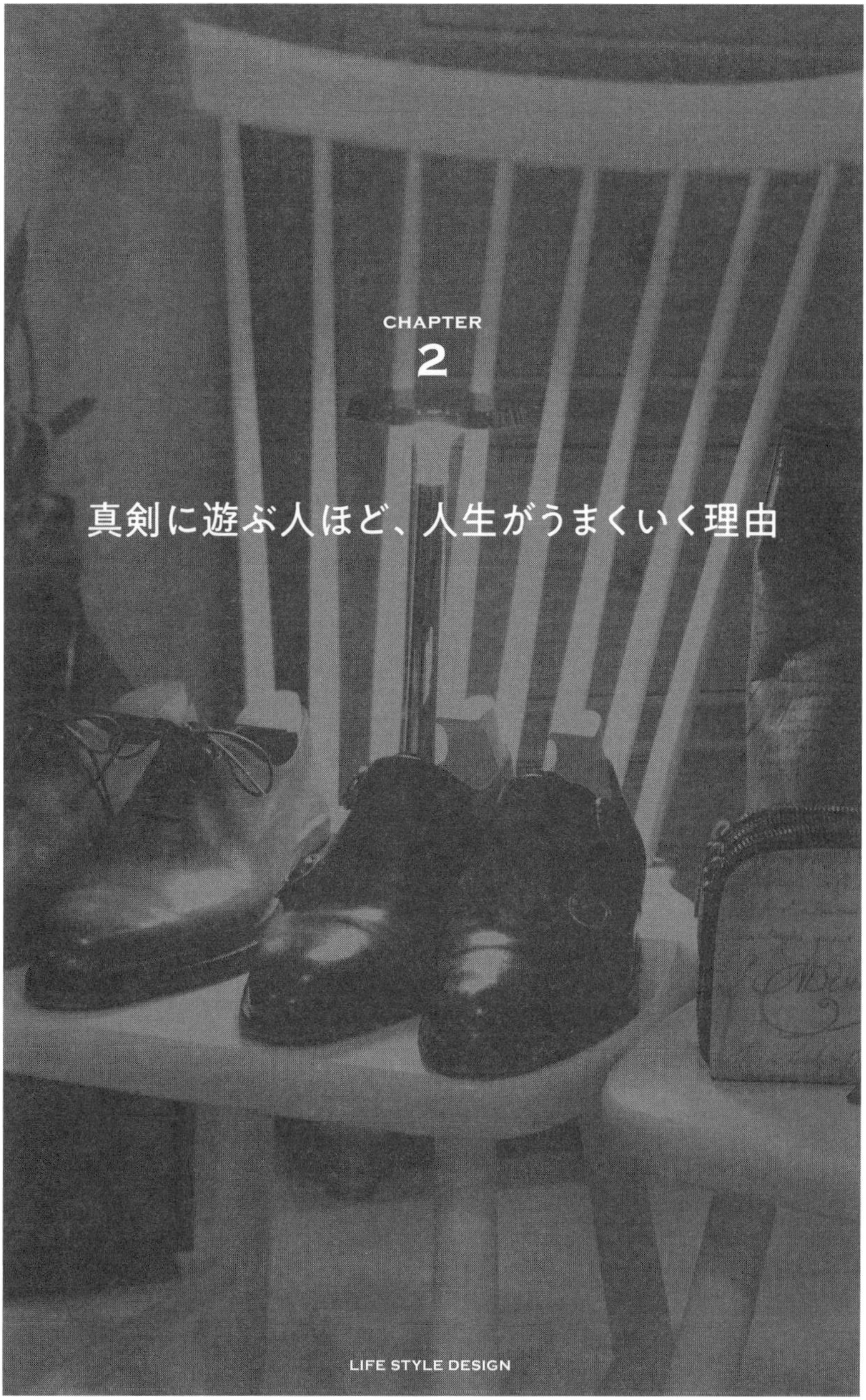

CHAPTER
2

真剣に遊ぶ人ほど、人生がうまくいく理由

LIFE STYLE DESIGN

なぜ遊ぶ人ほど、うまくいくのか？

「もっと遊ぼう」「趣味を持とう」という話をすると、

「経営者だからできるんでしょ」

「仕事がうまくいっている人だから、そういうことが言える」

と言われることがあります。

私はあえて、

「成功したから遊んでいるのではない。遊んでいるから成功するんだ」

とお伝えしたい。

私の周りの人を見ても、仕事でうまくいっている人ほど、遊びも一生懸命ということが多いように感じます。

なぜ、遊ぶ人ほど人生がうまくいくのでしょうか？

遊ぶ人は、外の世界から情報を取り入れる機会が多いので、見聞が広がり、クリエイティビティも磨かれるからです。

仕事ばかりしていると、話す相手も必然的に同じ会社の人や、同じ業界の人ばかりになりがちです。

「ガラパゴス化」という言葉をご存じでしょうか？

もともとは、ＩＴ技術やインフラなどが、国際規格とは違う日本特有の方向で発達することを指す、ビジネス用語です。

たとえば日本の携帯電話は非常に高度で多機能なのに、日本独自の規格やサービスに寄せて特殊化されすぎていて、世界市場では通用しません。

こうした現象を、「ガラパゴス化した日本の製造業」などと呼んで、批判的に語られることがあります。

仕事ばかりして仕事関係者としか交流しない人は、まさに、「ガラパゴス化した日本の携帯電話」のようなものです。

閉じた世界では真面目で優秀であっても、その知識や考え方が偏ったものになりがちで、外の世界で通用するかはわからない。

自分の能力を、より広く活かすチャンスが少ないのです。

一方で、遊びに積極的な人は、「ガラパゴス化していない人」に出会う機会が多いです。趣味の仲間や、彼らを通じて知り合った友人知人たちから、新しい知識やアイディアがどんどん入ってきます。

大人になっても趣味に熱心な人は、バイタリティがあります。

仕事を終えた後や、休日に、バンドのライブをおこなったり、サッカーの試合に出たりするわけですから、エネルギッシュです。

そういう人たちの輪に一度入ると、「面白い人がいるから紹介する」「こんなニュース知ってる？」「話題の〇〇についてどう思う？」「次は新しくできたあの店に行こう」……と、知識や人脈がアメーバのようにどんどん広がっていきます。

「公私を分ける」というタイプの人もいますが、一人の人間である以上、仕事とプライベートを完全に分断することはできません。

遊びの場から得た知識や人脈は、自分の中で有機的に結びついて、何かしらの形で仕事にも活かされていくものです。

だから、遊ぶ人はビジネスでもうまくいく傾向があるのです。

劇的な変化の時代においては、なおさらです。

私は経営者で人を雇う立場ですが、経営者というのは、これからの社会がどう変わっていくのか、誰も正解を知らない世の中で、会社をどのように舵取りしていけばいいのか、常に不安と危機感を持っています。

自分一人や、自分の会社でできることには限界がありますから、外部との接触が多く、社外や業界外から、多彩な知識やアイディアを持ち込める人は本当にありがたい存在。まさに、「遊ぶ人」が求められる時代なのです。

職場や周りの友人たちの中でも、遊んでいる人のほうが、人間として魅力的ということは多いのではないでしょうか。

あなたの職場で、機嫌が悪いことをあからさまに顔に出したり、思うように物事が進まないと、すぐイライラしたりするような人はいませんか？

そういう人は、たいていプライベートが満たされていないことが多いものです。

私もそうですが、どんなに好きな仕事であっても、うまくいかずに落ち込んだり、悩んだりすることはあります。

そういうとき、仕事しかしていないと、悩みやストレスなどの〝嫌なタネ〟を掃除する機会がありません。

仕事の悩みを仕事で解決しようとするのは、嫌なタネに水をやって、どんどん成長させるようなものです。

嫌なタネが成長すると、余計にイライラして、人間関係もこじれやすくなります。

遊びに熱心で、遊びを心から真剣に楽しんでいる人は、目先のこまかいことが気になりません。大局を見るゆとりがあるので、信頼されやすくなり、人間関係もうまくいきます。

遊びとは、**「嫌なタネを摘《つ》み取って、ワクワクのタネを植えていくこと」**です。

真剣に遊べば遊ぶほど、ワクワクのタネは成長し、人生を前向きに楽しむことができます。

だから、「遊ぶ人ほど人生がうまくいく」のです。

POINT

遊びは「人脈」「仕事」「アイディア」……すべてに結びつく

「好き」が仕事になる時代

LIFE STYLE DESIGN ▶

じつは私は、最初からどうしてもインテリアショップがやりたくて起業した、というわけではありません。

「好きなことを仕事にしたい」

これだけが目的でした。

会社を立ち上げてしまってから、大好きな「家具」を扱うことに決めました。

学生時代は、漠然とお金のために仕事をしようと思っていたこともあります。一般的な就職活動もしました。

でも結局、稼いだお金はすべて好きなことに使っていることに気がついて……。それなら最初から、自分の好きなことを仕事にして、好きなように働ける〝箱〟をつくってしまえばいいと、起業したのです。

そんな見切り発車のように始まった会社が、おかげさまで15年以上成長し続けているのは、やはり「本当に好きなこと」を追求し続けているからだと思います。

私は、好きなことを仕事にする人がもっと増えたらいいと、常々願っています。

好きなことを仕事にする人が増えたら、世の中の商品やサービスは、もっともっと良くなって、みんな幸せになり、戦争だってなくなる。大げさではなく、心の底からそう考えています。

なぜなら「好き」という情熱こそ、自分のポテンシャルを最大化するからです。

好きなことだからがんばれた、好きなことだから自分でも驚くような集中力や能力を発揮できた……。

そんな経験がある人は、少なくないでしょう。

これからの時代は、ビジネスにおいても、ますます「好き」という感情、そして情熱が武器になります。

なぜなら「好き」と「仕事」の距離が、これまで以上に近づいていくからです。

これまでは、自分が好きなものを扱う会社に入っても、必ずしも希望する業務に就けるとは限りませんでした。

たとえば、スイーツが好きな人が製菓会社に入ったとしても、総務や経理、受付など、実際にスイーツに触れる業務に就けないことも多かった。

けれども、これからの時代は違います。

補助的な仕事や、データ処理業務、ルーティンワークなどは、すべてＡＩが担っていきます。その代表としてよく挙げられるのが、銀行の窓口やパラリーガルです。

結果として、そのビジネスの本質により近い業務だけが、「人間の仕事」として残ります。

銀行であれば、顧客の希望に合わせて資産運用ができる銀行員。法律事務所であれば、依頼人の話をよく整理し理解して、法的な判断ができる弁護士……のように。

言い換えると、補助的な仕事やデータ処理業務、ルーティンワークなど、これまで「誰がやっても同じパフォーマンスをすることが、求められていた仕事」というのは、AIに取って代わられます。


そして残るのは、「働く人の個性やセンスが求められる仕事」です。


そのときに勝つのは、より強く「好き」という気持ちを持っている人。

旅行会社なら旅行を、フラワーショップなら花を、映画会社なら映画を、どれだけ愛し、情熱を持ってそれに取り組んでいるか……。

この先、雇用される人数は確実に減るわけですから、「好き」という情熱を全開にして、仕事に対するポテンシャルをマックスで発揮できる人が、選ばれるのです。

実際に、私がリグナの採用時に最も重視していることは、「インテリアが大好きかどうか」です。

Aさん、Bさん、Cさんの３人を採用したとして、各自が「そこそこ好きなこと」をやらせても、パフォーマンスはさほど変わりません。
そこそこの情熱では、そこそこの結果しか期待できないのです。
けれども、３人それぞれが、自分の「大好きなこと」に全力で取り組んだとしたら、その結果は三者三様、大きく異なります。

これからは、「大好き」という情熱が、自分の存在価値になっていく時代なのです。

POINT

これからは「好き」と「仕事」の距離がさらに近づいていく

LIFE STYLE DESIGN

「好き」は、どうすれば見つかるか

考えれば考えるほど「好き」というものがない、見つけ方がわからない、という人もいるかもしれません。

何から始めていいのかわからないという人は、とりあえず何でもいいので「気になること」をひたすら書き出してみてください。

スマホのメモ機能も便利ですが、こういうときは紙にペンでどんどん書いていく方法がおすすめです。手書きのほうが脳も刺激を受けますし、筆圧や文字の太さの違いなどから、自分の気持ちも見えやすいからです。

やり方としては、「好きなことや、やりたいことを、思いつくままに100個くらい書き出してみる」という方法がひとつ。

ひたすら書き出したあとに、たとえば、「お金がかかりすぎる」や、「あまりに非現実的」など、実行できそうにないものを削っていきます。

もうひとつは、「未来と過去に分けて書き出す」という方法。

「未来」というのは、将来やってみたいこと。テレビで見て気になったことや、行ってみたいと思った場所なども入ります。

「過去」は、これまで自分が楽しいと思ったり、夢中になったりしたこと。たとえば、「中学時代にマラソン大会で1位になって嬉しかった」などです。

ある程度書き出したら、未来と過去で共通項のあるものを探していきます。共通しているものは、いまのあなたが夢中になって取り組める可能性の高いものです。

あるいは、意外と「嫌いなもの」「イラっとした記憶が残っているもの」に、ワクワクの可能性が隠されている場合もあります。それだけ「心の執着」があるということだからです。

ただし仕事のイライラは除きます。仕事のイライラは、利害関係や損得勘定が絡んでいることが多いので、ワクワクに結びつかない可能性が高いのです。

お正月にテレビで箱根駅伝を見ながら、盛り上がったり、「何やってるんだ！」と文句を言っているオジサンがいますよね。ああいう人は、自分も駅伝やマラソンをやってみると、ハマる可能性があります。

テレビ画面の中で他人がやっていることに夢中になれるということは、それだけ興味があるということだからです。

ここでスルーしていいのは、「気にならないもの」。

マザー・テレサは「愛の反対は、無関心」と言いましたが、趣味についても同じです。「気にならない＝心が動かない」ですから、そういう物事は、嫌いなもの以上に無視してしまって構いません。

なんとなく気になる物事が出てきたら、とりあえずやってみる。

合わなければ、やめればいい。「つまみ食い」でいいのです。

私も、いろいろな趣味をつまみ食いしてきました。

たとえばゴルフ。

道具もそろえて、打ちっ放しでは「センスがある」とおだてられて、意気揚々《いきようよう》とコースに出たものの、スコアが135を切ることができず、心が折れました（笑）。

自転車も一時期、熱心に乗っていましたが、都内の道だと事故に遭うリスクのほうが高い気がしてやめました。

自分に合う趣味かどうかは、やってみないとわからないことが多いので、とりあえずトライ。そして、自分には合わないと思ったらやめる。

仕事と違ってトライ&エラーがどんどんできるのが、遊びのいいところです。

ただ、仕事も遊びも「真剣さ」の影響力は変わりません。

仕事も遊びも、真剣に熱中すればするほど、良い結果が出ます。

パフォーマンス自体も良くなりますし、仕事や遊びを通じて生まれた人間関係も、真剣であるほど深くなります。得られる達成感や満足感も、どれだけ真剣に取り組み、熱中できたかで変わるでしょう。

つまり遊びは、仕事よりも気軽に始めたりやめたりできるのに、ハマったときの効力は、仕事と大差がないのです。だったら次々と遊んでみて、夢中になれるものを、どんどん発掘していったほうが、人生が豊かになるチャンスが増えますよね。

たとえ〝お試し〟であっても、どうせやるなら真剣に。

真剣に取り組めば、もし長続きせずにやめたとしても、そこで出会った人との友情や、学びや経験は、色褪せることはありません。

人生のどこかで必ず、役立つ瞬間があるものです。

POINT

好きなことを見つけ、つまみ食いしまくれ!

LIFE STYLE DESIGN ▶

「すごい」と言われるところまでやってみる

トライ&エラーで次々と新しいことに挑戦できるのが、仕事とは違う「遊び」のいいところだとお話ししました。

一方で、「これ」というものを見つけたときに、自分の気がすむまでとことん突き詰めることができるのもまた、遊びの面白いところです。

熱中できるものが見つかったなら、何かひとつでもいいので、「すごい」と言われるような結果が出るまで、やり抜いてみてください。

「真剣に取り組んで結果を出した」という経験があるかないかで、人生の充実度はずいぶん変わってきます。

私は早稲田駅伝で、2年連続して優勝した経験があります。

これを話すと「すごい！」と言われて、必ずその場が盛り上がりますし、相手にも強いインパクトを残すことができます。

家具の専門家が家具について詳しい知識を披露しても、「へー」という感じですが、家具の専門家が駅伝で優勝していると、「おっ」と思われるわけです。

私は走り込むと痩せて貧相になってしまう体質のため、いまはもうそれほど真剣にマラソンをやっていないのですが、人生のいっときマラソンに熱中して、真剣に走り込んだ結果、「駅伝で2年連続優勝した人」という〝一生使える肩書き〟を手に入れることができたのです。

ビジネスにおいて、その業界で成功できる人は、ほんの一握りです。

いまの自分の仕事で、その会社や業界のピラミッドの頂点に行けると確信できる人が、どれだけいるでしょうか。

ところが、そのピラミッドを仕事から遊びに変えるだけで、あなたが頂点に立てる可能性はぐっと高くなります。

ビジネスの世界では、一流企業の経営者とコンビニのアルバイトの扱いは平等とは言えませんね。

でも遊びの世界では、その関係性はフラットです。

もしアマチュアのマラソン大会に参加して、アルバイトが経営者に勝てば、ビジネスの世界では圧倒的に上だった相手から、「すごい」とリスペクトされます。

そういう力が、遊びにはあるのです。

他者からのリスペクトも含めて、成功体験は人生の宝となります。

仕事で一生の肩書きとなるような成功を収めることができれば、それは素晴らしいことですが、誰にでもできることではありません。

ところが遊びであれば、誰にでも何かしらの結果を残すチャンスがあります。

年齢も、経歴も関係ありません。

ご年配の方のゲートボールも、大会で結果を残すことができたら、充足感を味わえますし、周囲も「すごい」「よくやった」と讃えるでしょう。

真剣に遊んで、「すごい」結果を出せた経験は、そのまま自分の「成功法則」として体に刻まれます。

結果を出せる方法論は、人それぞれ異なるものです。

誰にでも共通する成功法則というのはありません。

試験勉強で、音楽をかけたほうがはかどる人もいれば、耳栓をしたほうが集中できる人もいるのと同じことです。

ですから、自分がどうやったら結果を出せるのかは、実際にやってみないとわからないのですが、ビジネスの現場でそれを試すのは、なかなか難しいものです。

仕事だと「やってみて失敗してもいい」というわけにはいきませんし、そもそも自分に決定権がないことが多いので、いろいろな方法を試すということができません。

その点、遊びはすべて自分に決定権がありますから、自分がどうやったら集中できるのか、どういうときに能力が最大限に発揮されるのか、あるいは、どういうときに失敗しやすいのか、いろいろと試すことができます。

そして結果につながったフローが、自分だけの成功法則として刻み込まれるのです。

遊びで身につけた成功法則は、仕事や恋愛など、人生のさまざまな場面で応用することができます。

自分がこうしたらうまくいく、こうしたら失敗する、というのがわかっているからです。そうした自信やゆとりが、また新たな成功体験に結びつき、人生がどんどんプラスに転じていく……。

遊びは、人生の可能性を無限に広げてくれるのです。

POINT

遊びの世界に、社会的地位なんて関係ない

「趣味は何ですか？」に、なんと答えますか？

LIFE STYLE DESIGN ▶

「趣味は何ですか？」

これに対する答えも、戦略としてのセルフブランディングに通じます。

内容次第では、一気に自分に興味を持ってもらえるし、もっと話を聞いてみたいと思わせることができるからです。

たとえば、インテリア会社の面接に来た人に、「休日は何をやっていますか？」と質問したとします。

「とくに何も。寝ています」

こう答えたら、そこで終了です。

「インテリアショップを巡っています」

こう答えたら、「本当にインテリアが好きなんだな」「真面目な人だな」とは思いますが、強いインパクトは残りません。インテリア会社に勤める人が、インテリアを好きなのは、必要最低条件だからです。

ここで、

「ラグビーです。週末は練習して、社会人リーグの試合に出ることもあります」

と答えたら、どうでしょう。

志望理由で、インテリア好きをたっぷり語ったあと、「ラグビー〝も〟好き」となると、「おっ、面白い人だな」と興味が湧きます。

さらに、

「高校時代は全国大会に出ました」

などとくれば、「おぉっ、すごい！」と感心して、もうその人のことは絶対に忘れないでしょう。

人間は、相手の二面性に興味を持ちます。

ギャップが魅力になるのです。

ところが、ふだんの仕事だけでは、その二面性が見えにくいものです。

飲み会で酔っ払ってペラペラと話さない限り、周りの人に知られる機会がなかなかありません。

社会人になると、その人のバックボーンは見えにくくなり、過去に培ってきたものが消されがちです。これはもったいないことです。

自分の趣味について、SNSで発信したり、周りの人と話す機会をつくったりすることで、チャンスが増えます。

過去にやっていたことを話すのもいいですが、「高校時代の部活で優勝した」などという話ばかりだと、「過去の栄光自慢」だと受け取られることも。

やはり、「いま」取り組んでいる趣味を、アピールできるといいでしょう。

社会人が、現在も熱中している趣味について語ることができると、「仕事もがんばっているのに、趣味まで……すごい！」と、それ自体が多面性ある魅力となります。

実際にリグナのある社員が、スノーボードが非常に得意だと知ったとき、彼に対する印象がずいぶんと変わりました。

インテリアが好きで、よく働く真面目な社員だと思っていましたが、スノボがプロ級だと知って、さらにリスペクトする気持ちが湧いてきたのです。

もちろん経営者として、趣味のある・なしや、その内容で、仕事の評価をすることはしません。

でも、その彼の「意外な一面」を知って、もっと話を聞いてみたいと思ったし、

「そういうアクティブな面があるなら、こういう仕事もできるんじゃないか」などと、思いを巡らせたりもしました。

そういったことから、仕事が発展していくことは十分にあり得ます。

もし、これから新しい趣味を始めるなら、自分の仕事内容や職業から連想されるイメージとは、ちょっと離れたところにある分野に手を出してみてください。

そして、その趣味を楽しんでいることを、ぜひ周りの人と共有してください。

自分の「人間としての幅」も「仕事の幅」も、想像以上に広がっていく可能性がありますよ。

POINT

ギャップはチャンス

結局、スポーツはしたほうがいい

LIFE STYLE DESIGN ▶

趣味を選ぶときに大切なのは、自分がワクワクできるかどうかです。

好奇心が刺激されて、大好きだと思えるものなら、何でも構いません。

ただ、もし何をやればいいのか迷っているのであれば、私はスポーツをおすすめします。運動に対する苦手意識がある人ほど、トライしてみてほしいです。

なぜなら、趣味としてスポーツを楽しんで、損することは何もないからです。


何よりもまず、健康になります。

健康でなければ、仕事も遊びも心から楽しむことができません。どんなに素晴らしい映画を見ていても、ひどい頭痛がしたら、どうでもよくなってしまいますよね。

健康は、より良い人生を歩むために欠かせないものです。

健康診断の結果が良いことや、病気をしていないことも、もちろん大切です。

ただ、それ以上に私は、

「『健康だな』と、自分で思えること」

これが、人生においてとても重要だと思うのです。

自分で「健康だ」と実感できることで、心が満たされます。本能的に、生きている喜びを実感できるのです。

スポーツをやっていると、

「体を動かして楽しんでいる自分」

「自分の体をコントロールできる自分」

「限界を突破できる自分」

こういった「健康的な自分」を実感できて、精神的にも安定します。

スポーツで汗をかいてストレス発散できるのも、健康な自分を感じて本能的に満足できるからではないでしょうか。

さらに、スポーツをしていると体が引き締まって、姿勢やスタイルも良くなります。スタイルが良くなると、シンプルな服をカッコよく着こなすことができますし、自信もついてオーラが出るものです。

体を動かしていると、集中力が高まりますし、いざというときに力を発揮する底力も養われます。

長く運動をしている人は、物事をやり遂げる根性のある人が多いものです。大企業の就活に成功する学生をみると、体育会系に所属している人が少なくありません。

それは、人脈や伝統という部分もあるでしょうが、それ以上に、運動によって養われた精神力が、仕事にも大きなプラスになると企業が判断しているからでしょう。

スポーツの中でも、趣味として、とくにおすすめなのはマラソンです。

お金がかからず身ひとつですぐに始められるし、きっちり走り込めば、どんな人でも結果が出やすいからです。特別な用具も必要ありませんから、職業や収入は関係なく、どんな人とも同じフィールドで戦うことができます。マラソン人口は多いですから、仕事では出会えないような仲間をつくるチャンスも多いでしょう。

お笑い芸人の猫ひろしさんは、趣味として始めたマラソンを突き詰めた結果、オリンピック選手にまでなりました。

これはスポーツに限ったことではありませんが、趣味として始めたことが、自分の人生の新たなる道を開拓することもあるのです。

仕事と遊びは、足し算ではなく、掛け算。それぞれの真剣度が高ければ高いほど、人生の楽しさや可能性は、無限に広がっていくのです。

POINT

趣味に迷ったら、まずはスポーツから

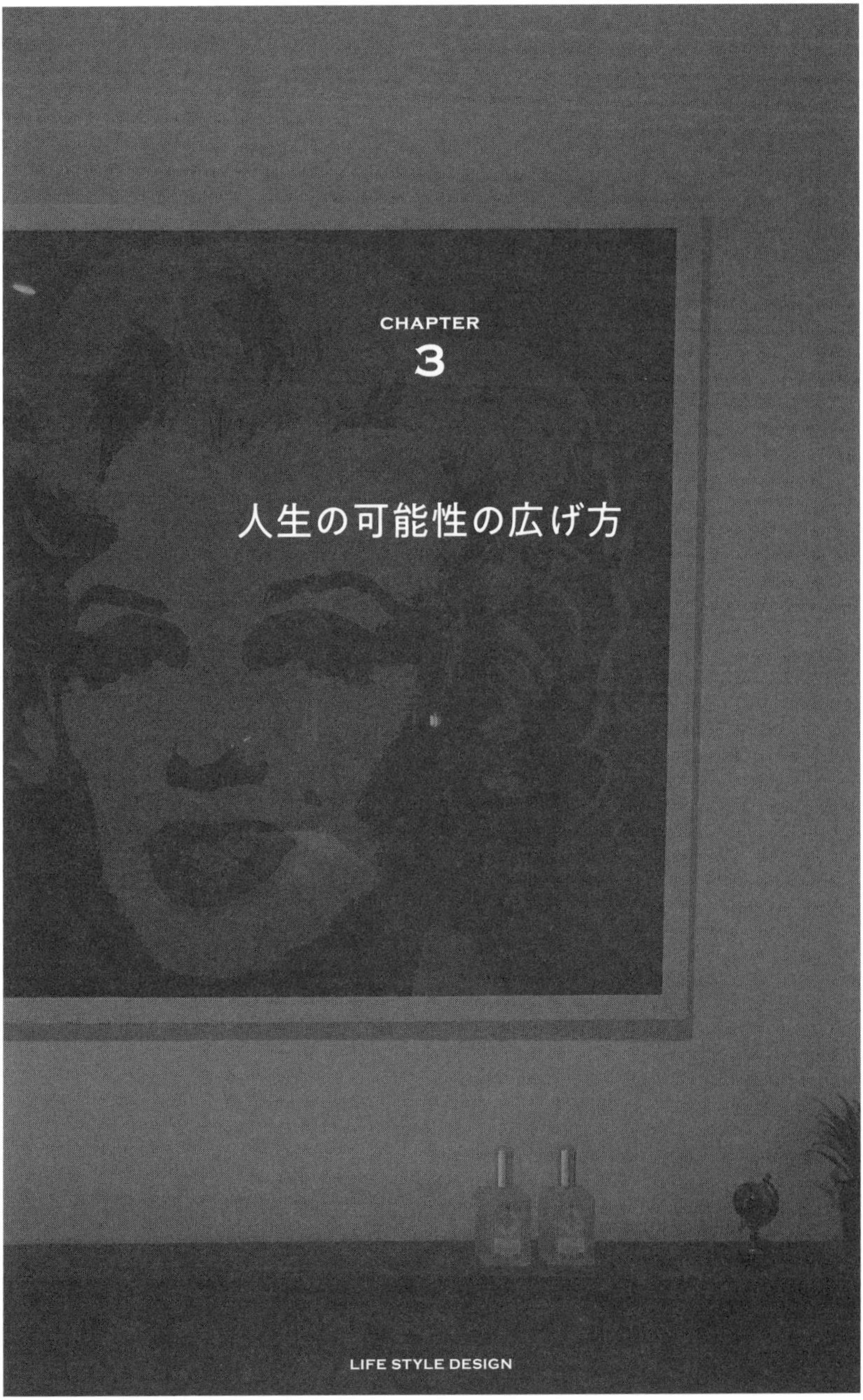

CHAPTER
3

人生の可能性の広げ方

ＳＮＳで人を巻き込む

真剣に遊ぶと、人間関係が豊かになります。

前章でも少し触れましたが、職場の人間関係とは違い、遊びの人間関係は、どんな立場の人とでも「仲間」として絆を深めることができるからです。

一般企業の会社員が一流の経営者やアーティストと肩を並べて、仕事のアドバイスをもらったり、意見を交わしたりする……。

あまり現実的ではないと感じますよね。

ところが、遊び仲間になると、これが割と簡単に実現してしまうのです。

遊びの場では、肩書きや経歴の壁が取り払われます。

学生でも、会社員でも、主婦でも、経営者でも、「共通の趣味」を持つ仲間。一緒に試合に出たり、ライブで演奏したりすることで、どんな立場の相手とも、フラットな関係でつながることができます。

同じ趣味に辿りつくということは、どこかセンスが似ている相手ですから、距離を縮めやすく、絆も深まりやすいのです。

趣味に真剣に取り組めば、仲間から尊敬されたり、信頼されるようになります。

そして、「あ、こいつのこと助けてあげたいな」「こいつに仕事紹介したら面白くなりそうだな」と思ったり、思われたりすることが出てくる。

そういう関係性から、人生のチャンスが枝分かれ式に増えていくのです。

遊ぶときは、ワクワクを共有できる仲間が一人でも多いほうがいいでしょう。

いまはＳＮＳが発達していますから、自分が楽しいと思うこと、これから始めようと思っていることなどは、自らどんどん発信していくべきです。

私も、ＳＮＳでたくさんの人とつながっています。面白かったこと、おすすめしたいものは、どんどん投稿して、ワクワクの共有を楽しんでいます。

Facebookを始めた当初は、「いいね！」が1～2ということも多々ありましたが、それでも投稿を続けていくうちに、いまではたくさんの仲間が反応してくれるようになりました。

ＳＮＳで自分の行動を知らせたり、感情を吐露《とろ》したりするのは、「自意識過剰」としてよく思わない人もいるようです。また、ＳＮＳ上の人間関係のトラブルなどで、「ＳＮＳ疲れ」を起こす人も増えていると聞きます。

たしかに、自己満足だけが目的の自撮り写真ばかりの投稿はいかがなものかとは思いますが、それでも私は、ＳＮＳから受ける恩恵のほうが多いと思うので、「使わないともったいない」というスタンスです。

ＳＮＳを使うのと使わないのとでは、手に入る情報やコンタクトを取れる人の数が大きく変わるからです。

私自身、SNSの投稿がビジネスにつながった経験も、一度や二度ではありません。

疑問に感じたり、不安を覚えたりしたことをSNSに投稿して、意見やアドバイスを募ることもあります。

わからないことを自分で調べるより、SNSに投稿して、詳しい人からの回答を参考にするほうが早いし、ためになることが多いのです。

趣味についても、SNSで仲間探しをしたり、詳しい人に道具のアドバイスを求めたりすることで、可能性の広がりが加速します。

SNSに抵抗がある……と言っているようでは、残念ながらこれからの時代、成功する可能性は低いと言わざるを得ません。

POINT

SNSのマイナス面なんて、気にするな

「お金の話ばかりする人」「後ろ向きの発言ばかりする人」とは付き合わない

LIFE STYLE DESIGN ▶

付き合う人を選ぶことも、大切なポイントのひとつです。

ここまで「人とのつながりが人生に豊かさをもたらす」ということをお話ししてきましたが、やみくもに知り合いを増やせばいい……というわけではありません。

「類は友を呼ぶ」という言葉がありますが、人間関係を見れば、その人となりが何となくわかるものです。

品のない人と交流があれば、あなたも下品な人だとみなされます。

周囲からそう見られるだけでなく、付き合っているうちに影響を受けて、実際に品がなくなっていくから怖いものです。

もちろん「類友」がプラスの方向に働くこともあります。

知的な人と積極的に交流を持てば、あなたも知的な人だと思われるようになります。

そして、実際にインテリジェントな雰囲気がだんだん身についてくるでしょうし、知識や思考の幅も広がっていくでしょう。

「自分が周りからどう思われたいか」

「どんな自分になりたいか」

それは、人間関係によって構築されると言っても過言ではないのです。

「会社を経営していたり、メディアに出たりしていると、変な人から声をかけられることも多いでしょう？」と聞かれることがありますが、私の場合、そんなことはありません。

むしろ、いまよりお金も地位もなかった若い頃のほうが、怪しげな会や投資へのお誘いが多かったように思います。

恥ずかしながら、じつはそのような投資話に乗せられて、お金を騙し取られてしまった経験もあります。

これは私が未熟だったこともありますが、それ以上に、私自身が「ラクに儲けたい」とか、「すごいと思われたい」とかいった、打算的な気持ちを持っていたことが原因だったと、いまになってよくわかります。

弱い気持ちや、ずるい気持ちがある心に、怪しい人や悪い人は寄ってくるのです。これもまさに、「類は友を呼ぶ」なのかもしれません。

当時の私は自分なりに一生懸命だったのですが、いま振り返ると、甘い言葉に惑わされる〝スキ〟があったのだと思います。

日常生活における不満やストレス、将来への不安や迷い……こういったものが溜まると、心にスキができるのです。

現在の私は、「リグナの活動を通して、人生が豊かになる人を増やしたい」「リグナのファンを一人でも多くしたい」といった気持ちで仕事をしています。

そして、仕事をしているときも仕事以外の時間も、純粋に好きなことを楽しんでいて、常にワクワクしています。

こうした前向きでワクワクした気持ちは、良からぬ人や物事を寄せつけません。

仕事も遊びも心から楽しんでいると、次々にやりたいことや会いたい人が出てきて、心にスキをつくるヒマがないのです。

好きなことに向かうワクワクは、ネガティブなものから自分を守る「バリア」のような役割も果たしてくれるのだと思います。

人生は何事も経験ですし、どんな出会いがどんなチャンスをもたらすかわからないので、とりあえず、いろいろな人と話をしてみる経験は大切です。

私は、本能的にマズイと感じた人には、交流を避けるために名刺すら渡さないこともあります。そういったセンサーも、いろいろな人に会って感度が磨かれていくものです。

あえて「近づかないほうがいい人」を挙げるとするならば、

・お金の話ばかりする人

・後ろ向きの発言ばかりする人

の2種類の人です。

お金の話ばかりする人は、興味の中心がお金にあります。

とくに、初対面でお金の話ばかりする人は、危険です。

仕事の話、自分の話、共通の知人や趣味の話……話すことはいろいろあるはずなのに、口から出てくるのは、「年商は？」「給料は？」「家具屋の粗利は？」……こういうことばかり聞いてくる人は、お金を最優先に考える人です。

ビジネスの関係であれば、当然、お金の話が出ることはあります。

でも、より良い商品をお客様に届けるためにコスト計算をするのと、「1000万円儲けるために何ができるか？」というのは、まったく別の話です。

お金が目的になると、自分の好きなことや大切なことが、おざなりになる可能性がありえます。信念を曲げるような選択が、必要となることもあるかもしれません。

その結果、お金を儲けることができたとしても、そういう稼ぎ方は長続きしないし、何よりも充足感を得ることができない。

自分で自分のやっていることに、本当の意味で満足感や喜びを感じることができていないと、心のスキは広がる一方です。


後ろ向きの発言ばかりする人も、要注意です。

「言霊《ことだま》」という言葉があるように、言葉の持つパワーは大きいものです。

「どうせ」「自分なんて」「でも」「嫌だ」「ムカつく」……そんな後ろ向きの言葉を連発する人は、自分も周りの人も幸せにはできません。

ネガティブな言葉ばかり使っていると、ネガティブなことに対してばかり意識が向くようになるからです。そんな人生、楽しくありませんよね？

私たち人間は、言葉で物事をとらえ、理解する生き物です。

「疲れた」と言えば、どんよりしてやる気も失せてきますが、「よくがんばった！」と言えば満足感を得られて、さらに前向きな気分になってきます。

世界の見え方、人生の豊かさは、使う言葉によって大きく左右されます。

ですから、自分も後ろ向きの言葉はできるだけ使わないほうがいいですし、周りから耳に入ってくるネガティブなワードも、少ないほうがいい。

考え方や感じ方はすぐに変えることはできませんが、言葉遣いだけなら、いまこの瞬間から変えることができます。誰でもすぐにできることすら改善せずに、口を開けばネガティブな言葉ばかり発するような人とは、やはり距離をおくべきです。

自分のためにならない人間関係は、「断ち切る」勇気も必要です。

たとえ、その直後は気まずくなっても、ズルズルと付き合って、後からトラブルに発展するよりずっといい。**不安に感じたり、不快に感じたりするような相手との関係は断捨離することが、将来的なリスク回避につながります。**

それが、自分の「ブランド力」を守ることにもつながるのです。

POINT

人間関係の断捨離をしてみよう

目立ち方を間違えない

LIFE STYLE DESIGN ▶

Chapter1で、「これからは個のブランディングの時代であり、独自のセンスのある人が求められる」というお話をしました。

「個性」とか「独自のセンス」が大事となると、外見や言動でそれをアピールしようとする人が多いのですが、残念ながら間違いです。

外見や言動でのアピールは、「目立つ」という目的においては効果的ですが、「可能性を広げる」という観点からするとNGだからです。

人の印象は、外見の印象によって変わります。

奇抜な格好をしていたら奇抜な人だと思われます。奇抜な格好や言動は、インパクトは強いでしょうし、一部の人には熱狂的に受け入れられるかもしれません。けれども、多くの人にとっては「変わった人だ」「自分とは気が合いそうにない」と受け取られてしまいます。

関係性が発展する可能性が、最初から低くなるわけです。

だから、違う目立ち方をしたほうがいいのは言うまでもありません。

「どうせなら嫌われるより、好かれたほうがいい」

これに対して、異議を唱える人は少ないでしょう。

より多くの人に好印象を残すことができれば、話しかけてくれる人も増えるでしょうし、そのぶん新しい仕事や出会いのチャンスも広がります。

できるだけ多くの人に「カッコいい」「いい人だな」と思われて、損はしません。

ですから、セルフブランディングでは、

「最大公約数に好かれる人」

を目指すべきなのです。

最大公約数に好かれるのは、とがりすぎず、バランス感覚のある人です。

たとえば、筋トレも適度が一番。体質にもよりますが、毎朝毎晩、スクワットを20回3セットくらいやるだけで、体がブヨブヨにならず洋服がきれいに着こなせる程度の体型を保てます。

ここで筋トレにハマって、サプリメントを飲みまくり、ムキムキになるまで鍛え上げるのは、突き抜けすぎです。筋肉とともに根性もついて、自分の達成感はあるかもしれませんが、多くの人の好感や共感を呼ぶものではありません。それに、ムキムキの人が「日課は筋トレです！」と言っても、「でしょうね」という感じですよね。

Chapter2でもお話ししましたが、「ギャップ」が魅力につながります。仕事の場ではシンプルなスーツをそつなく着こなす男性が、休日にはラグビーで活躍している……。

そういう意外性や二面性で、人の評価はぐっと変わるのです。

「最大公約数に好かれる人」というと、没個性のつまらない人を思い浮かべるかもしれませんが、ここでお話ししたいのは、あくまでも「人に与える印象」のこと。

初対面では、無難で「なんとなくいい人そうだな」という印象だった人が、話してみたら、すごく真剣に取り組んでいる趣味があって、その分野では有名人で……というほうが、外見で目立つ以上にインパクトを残せます。

「最大公約数の人に好かれる印象をまとう」というのは、セルフブランディングの戦略なのです。

人生を豊かにするためには、異性からの好感度を意識することも大切です。

これは、恋愛関係に限ったことではありません。

世の中の約半分は異性なわけですから、同性ウケだけ狙った外見や言動は、人口の半分の好感度を失っているようなもの。それだけで、会話したり、情報を得たりする相手を失っているわけですから、非常にもったいないことです。

恋愛感情のない異性の同僚や上司からも、人間的に好感を持たれたほうが仕事はスムーズに進むことも多いでしょうし、お互い楽しく働くことができます。

女性の感覚は女性、男性の感覚は男性にしかわからない部分も多いものです。

異性と会話する機会が少ない人は、趣味の場などで異性の友人をつくって、「異性からの好感度」を上げる努力をしてみるのもいいでしょう。

ふだんあまり交流のない人と会話をしてみることによって、自分が人にどんな印象を与えるタイプなのか、どんな言動をすると、どんな反応が返ってくるのか……思わぬ発見があったりするものです。

POINT

最大公約数に好かれる人になろう

ワクワクしない時間を減らして、ワクワクする時間を増やす

LIFE STYLE DESIGN ▶

「あなたにとって、人生で一番重要なものはなんですか？」

私は、この質問をされたら1秒も迷わずに答えることができます。

それは「時間」です。

生まれてから死ぬまで、1秒も戻ったり止まったりせずに進んでいく時間を、どれだけ幸福に過ごせるか。

これが人生のすべてだと言っても、過言ではありません。

「真剣に遊ぼう」とか「趣味も充実させよう」という話を私がすると、必ずと言っていいほど、頻繁に返ってくる反応が「時間がない」というものです。

私からすると、「時間がない」とか「仕事が忙しい」などと言っている時間が、何よりもムダのように思うのですが……時間の捻出方法について悩む人は、少なくないようです。

実際、時間は「使い方次第」です。

時間がないと感じる人は、自分が毎日、何にどれくらいの時間を使っているか、「24時間の円グラフ」にして書き出してみるといいでしょう。

私は、日によりますが、朝は7時くらいに起きて、まずはボディーメンテナンスをします。ジムに行ったり、自宅でトレーニングをしたりと、方法はいろいろです。トレーニングの後は、スケジュールによって、リグナの本社に行くこともありますし、別の事業の店舗を訪れたり、出張に出ることもあります。

夜は19時くらいから、ほぼ毎日会食。仕事のかたわら、ＭＢＡの経営大学院に通っていたときは、22時くらいまで授業がありました。

休日は、バンドをやったり、ウェイクボードをやったり、趣味を極めることを楽しんでいます。

睡眠時間は平均して4～5時間です。5時間寝れば確実に目が覚めるので、体質的にショートスリーパーなのかもしれません。

適切な睡眠は人それぞれですから、むやみに短縮することはおすすめできませんが、たとえば、いつもより15分早く起きるだけでも、トレーニングをしたり、雑誌を読んだり、新しく取り組めることがずいぶん増えるはずです。

自分の一日を書き出してみると、客観的に自分の生活を見つめ直すことができます。そして、「自分が生きている時間」の分析ができます。

24時間円グラフの中から、1秒でも多く削っていってほしいのが、「ワクワクしない時間」です。

たとえばスマホのネットサーフィンも、趣味の仲間のSNSから刺激を受けたり、ためになる情報を得たりして、ワクワクしているなら、何分でもＯＫ。

でも振り返ってみて、「何のために、ずっと画面を見ていたんだろう？」と思うようならムダ。その時間を違うことに使いましょう。

ちなみに24時間円グラフの中で、「仕事」の時間は変えられないし、カットもできないと思っている人が多いのですが、たいていは思い込みです。

仕事の時間も、使い方次第で質や量を変えられます。

集中力を高めたり、環境を整えたりして効率を上げるというのも、もちろん大切ですが、そのほかに時間を捻出するために必要なのが、

「人を頼る」

「人に任せる」


ということです。これを苦手とする日本人は、非常に多いです。

日本人には、自分で抱え込んで苦労することを、美徳とする傾向があります。

責任感が強いのはいいことですが、人はそれぞれ得手不得手があります。

何事も分担して、得意な人に任せてしまったほうが、みんなにとって時間の節約になるし、結果も良くなることが多いものです。


リグナの創立当初、私には「カッコいいインテリアの通販サイトをつくりたい」という理想はあったのですが、サイトづくりの知識や技術は、まったくと言っていいほどありませんでした。

資金も50万円程度しかなかったのですが、ＩＴのセンスのある学生を見つけて、サイトづくりは丸ごとお任せしてしまいました。

自分でウェブデザインを学ぶ選択肢も、もちろんありました。

でも、もしそうしていたら開業は数年遅れていたでしょうし、経営に仕入れにサイトづくりに……と意識が分散して、中途半端なものが完成していたように思います。

1日のタイムスケジュールを円グラフにしてみよう!

(例)筆者のとある1日

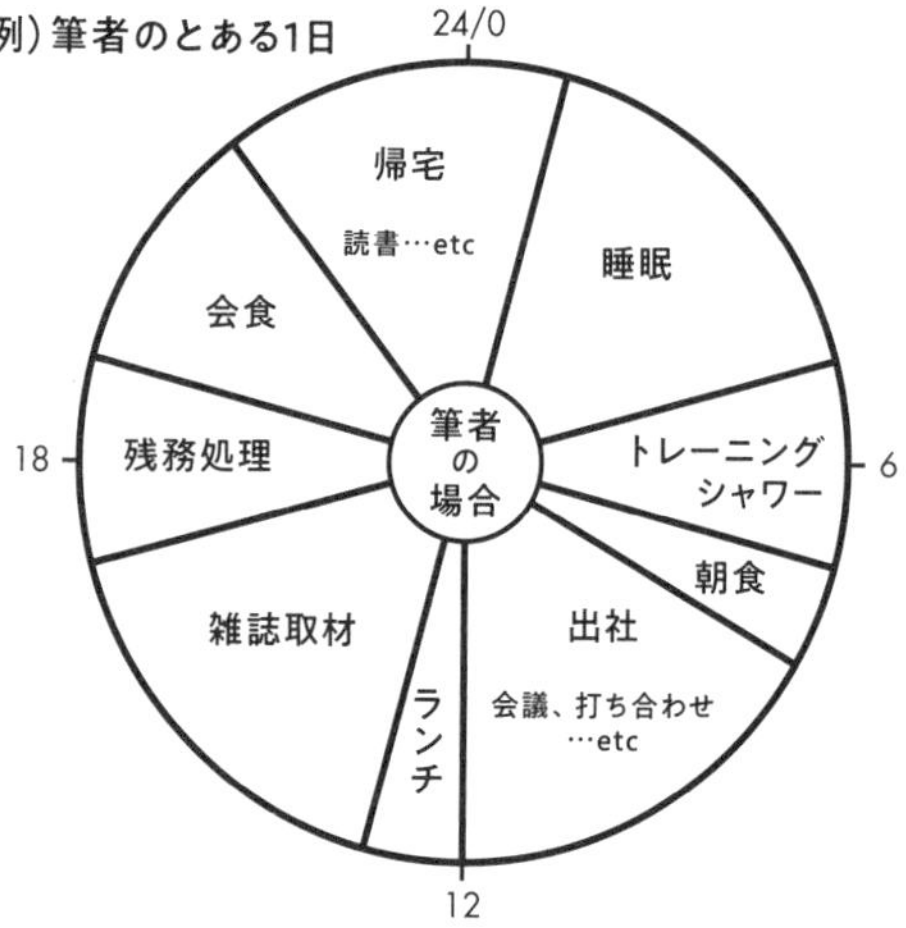

生活のあり方や仕事の進め方を見つめ直して捻出した時間は、できれば「仕事以外の時間」に使っていただきたいと思います。

日々のルーティンからはずれる時間をつくることで、新しい人との出会いやチャンスが生まれるからです。

自分がワクワクすると感じるものに、触れる時間を増やしましょう。

ワクワクしない時間を減らして、ワクワクする時間を増やす。

これが、人生をプラスに変える基本です。

現代は、ただ淡々とお金を稼いだり、仕事をこなしたりしている人ばかりで、ワクワクする時間を無視している人が多すぎるように感じます。

いかに自分がワクワクするか、ワクワクする時間をつくれるかで、自分の人生が大きく変わります。

私にも失敗や後悔はありますが、それでもずっとワクワクし続けています。

だから何があっても、物事が前向きに進んでいく。

これは、私が自信を持って言えることです。

POINT

自分の一日を円グラフにしてみよう

LIFE STYLE DESIGN

人のために時間を使おう

自分の時間を見直すために、一日の生活を「24時間円グラフ」にして可視化するといい、というお話をしました。

現在の生活を見直すことができたら、今度は「理想のタイムスケジュール」も書き起こしてみましょう。

仕事がある日と休日、それぞれ自分が、「こんな一日を過ごしたいな」と思うスケジュールを組んでみるのです。

出来上がったものと、先ほど書いた現状の円グラフを見比べると、自分が望む人生を送るために、いま何が足りず、何をムダにしているかがわかります。

また、理想のタイムスケジュールを見ることで、自分のやりたいことを実行するためには、どこに何分、何時間割けるのかが明確になります。


人生とは「時間の消費」です。

このことに意識が働いている人は、意外と少ないというのが現実です。

お金を払うと、「〇〇円使った」と意識しますよね。あるいは、何か欲しいものがあるときは予算を確認します。

でも、なぜか時間については、みんな無頓着。

「あ、いま〇〇分使った」「これをやるためには〇〇時間必要」と、日頃から意識している人は、あまり多くないのではないでしょうか。

1円はまた稼ぐことができますが、過ぎてしまった1分は、10億円払っても取り戻すことはできません。

もちろん、人生の豊かさという観点から考えると、「時間の節約」に励みすぎて、せっかちになるのも考えものです。

時間に追われる感覚は、ストレスを増し、満足感を減らします。

結局は時間の節約そのものよりも、「時間を使って何をするか」が大切なのです。

ちなみに、理想のスケジュールの中には、「人のために使う時間」をぜひ設けていただきたいと思います。

人のために時間を使うと、「レバレッジ」が効くからです。

ちなみに念のために説明すると、レバレッジとは少ない資金や力で大きな成果を生み出すことを指す、金融用語です。

自分のために時間を使うことは、もちろん必要です。

しかし、「自分のために自分で動いた時間」というのは、「良い意味での想定外の展開」を生み出す可能性は低いものです。

一方で「自分×他者」だと、意外な方向性に未来が展開する可能性が広がります。

マラソン仲間の相談に乗ったことがきっかけとなり、新たなビジネスの誘いが舞い込む……そういったことも少なくありません。

ただし、レバレッジが効くからと、「自分の給料を上げたいから、あの人の仕事を手伝おう」というように、打算的な気持ちから関わるのは、やめましょう。

損得勘定や利害があると、相手と気持ちを共有することができないからです。

相手を心配して手を差しのべる、相手を笑顔にしたいと思って動く……そんな心からの行動の結果、相手と喜びや嬉しさを共有できたときに、プラスのエネルギーが生まれます。

ワクワクした気持ちは、自分の中だけで持っていてもパワーがありますが、人と共有することで、さらに大きくなるものです。

ワクワクを共有できた出来事は、周囲からの「共感」も呼びますから、倍々ゲームのように、プラスのエネルギーが増幅していきます。

理想の1日のタイムスケジュールを書き込んでみよう!

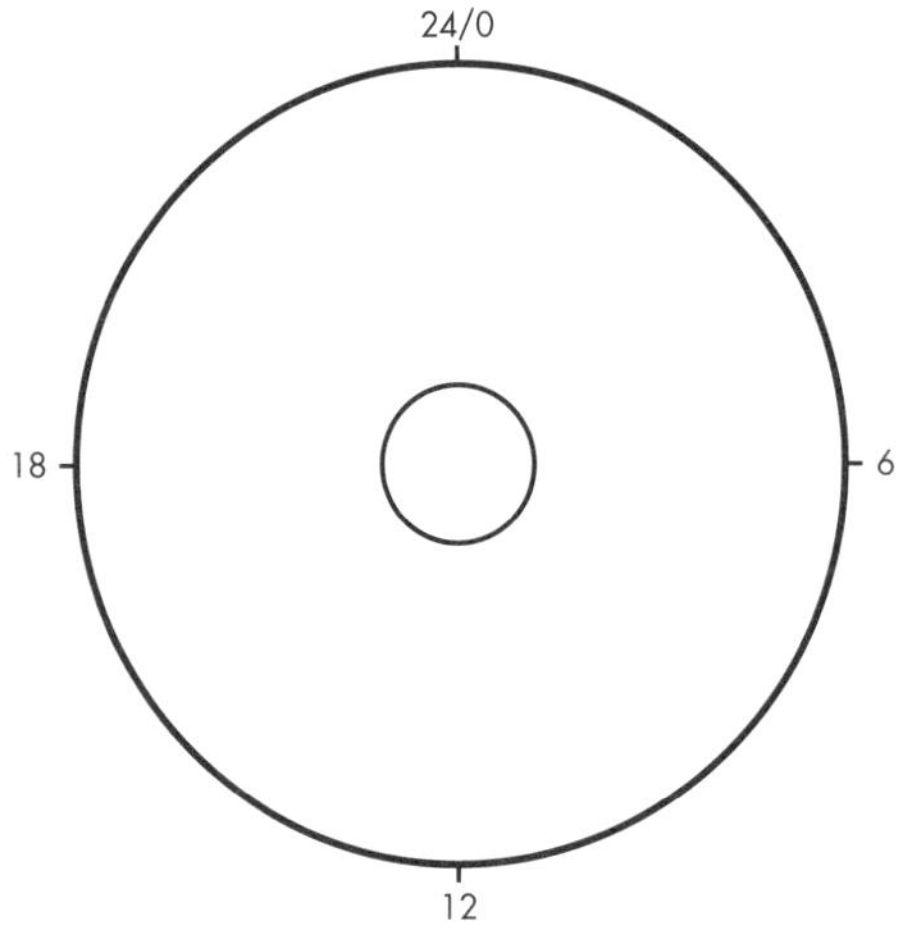

そして、予想もしていなかったような未来を運んできたりするのです。

私はリグナの社員の誕生日に、手書きのバースデーカードを渡しています。月ごとにまとめて、該当者全員分を書くので、ときには数時間かかることもあります。

それでも、毎回心から「やってよかった」と思います。

社員も喜んでくれますし、私も社員と距離が縮まった思いがして嬉しいからです。

自分がつくった会社に縁あって所属してくれた仲間だから、「もっともっとワクワクすることを一緒にやりたい」と、カードを書いて渡すたびに思います。

ＡＩが台頭する時代だからこそ、ますます人間同士のコミュニケーションが生み出すエネルギーは偉大です。

「心から」の行動や喜びの共有が、未来の時間をより豊かにするカギになると、私は思っています。

POINT

人のために使う時間は、レバレッジが効く

すぐそこにある未来を、感じて生きよう

LIFE STYLE DESIGN

自分の環境も、自分自身も進化させたい。

私は常日頃から、そう考えて生きています。

だから、新しいものはどんどん取り入れる主義です。

つい数年前までは、手で掃除機をかけていました。

ところがいまは、AIスピーカーに、「アレクサ、ルンバを使って掃除して」と声をかけるだけで、自動掃除機が動いてくれる生活が、当たり前になっています。

日常生活に新しいテクノロジーを取り入れることで、時間が節約できますし、何よ

り、「未来感覚」が養われます。

いま私たちが生きているのは、「1時間後は新しい未来」という時代です。

スマホがいつの間にかすっかり普及していたように、当たり前じゃなかったものが当たり前になっていくスピードが非常に速い。

この超スピード変化の時代に、未来を感じずに生きるなんてあり得ません。

「興味がない」と言っていても、世の中はどんどん変わっていくのだから、未来をできるだけ先取りして生きたほうが、賢いし、楽しいのは言うまでもありません。

誰よりも早く新しいものを取り入れたら、仕事に活かせるチャンスも増えます。

逆に、取り入れなければ、時代に取り残されていくだけです。

たとえば、自動掃除機のルンバ。

ルンバの存在を無視して、ほうきをつくり続けていても、売れません。

ほうきをつくるにしても、ルンバを早く使ってみて、「自動掃除機ではできないこと」に特化したほうきの製造や販売をすれば、そこにはまだまだビジネスチャンスがあるかもしれません。

「未来をつくっている企業」の動向を、把握することも必要です。

たとえば、Amazonは常に赤字企業ですが、これは未来にお金を投資し続けているから。時代の先を行き、時代をつくることに価値を置いているので、投資家も赤字を理解しています。

AmazonやGoogle、Appleといった、最先端に投資をしている企業の動向や製品には、未来を知り、生き方の方向性を決めるヒントがたくさんあります。

Amazonの無人スーパーを知ったら、これからスーパーのレジを一生の仕事として就職しようとは思いませんよね？

未来を知ると、自分の仕事や働き方も、必然的に見直すことになるはずです。

私は、ＳＦ映画やドラマが好きです。

最近は、Netflixが配信している「ブラック・ミラー」という、１００年後の未来が舞台のドラマにハマっています。

ＳＦ作品を見ると、楽しみながら未来予測ができます。

かつて手塚治虫《てづかおさむ》さんが漫画に描いた「壁掛けの薄型テレビ」「クローン」「空を飛ぶ車」……いまはもう存在しています。

人間が想像できるものは実現可能ですから、ＳＦ作品で描かれているものは、何らかの形で現実化するのです。

私にとって興味深いのは、いまの現実世界とはものすごくかけ離れたＳＦ世界の中でも、意外と普通の家具が使われていることです。

映画「アベンジャーズ」を見ても、ビルの壁を駆け上がったりする登場人物たちが、食事や会話のシーンでは、何の変哲もないテーブルやイスを使っていたりします。

ここから予想できるのは、人の生活を支える家具というのは、これからもあまり形は変えずに残り続けるのかもしれない、ということです。

つくり方や売られ方は確実に変わっていくでしょうが、家具自体の存在価値は変わらない。人の手でつくられた木製や革製の家具は、むしろ希少価値が高まっていくかもしれない……。

ＳＦ映画を見ながら、私はそんなことを考えています。

みなさんは、未来に触れた生活をしていますか？

最新テクノロジーやＳＦ作品から、自分の生き方や仕事の未来を、どのように予測するでしょうか？

日常生活からこうした意識を持つことで、「未来を生き抜く力」が養われます。

POINT

未来を想像するクセをつけよう

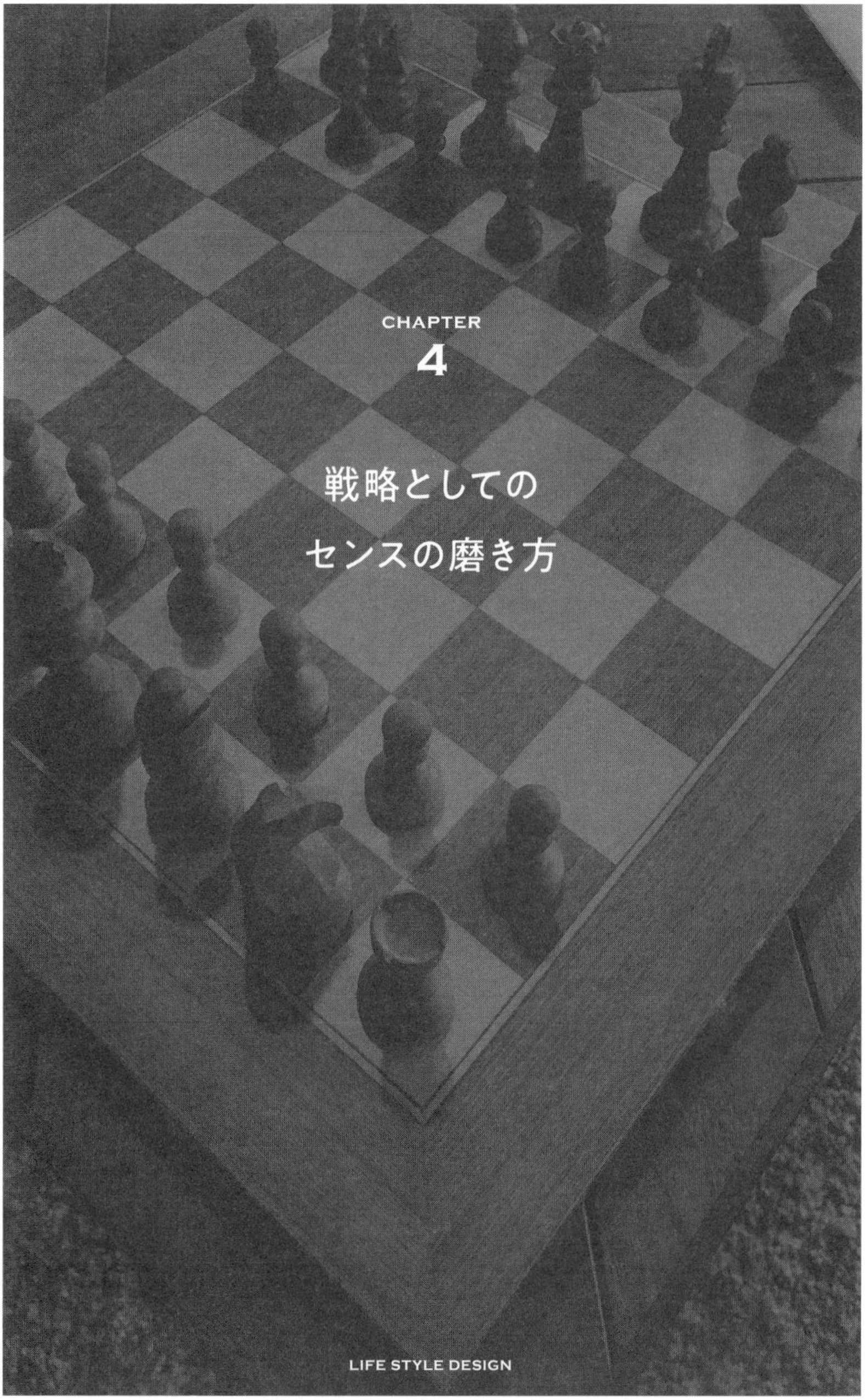

CHAPTER
4

戦略としてのセンスの磨き方

本は最高のツールである

私は本が好きです。でも昔から、いわゆる「文学青年」というタイプではありませんでした。いまでも、「読書家」と自称できる域には到底、達していないと思います。さらに言うならば、正直なところ長い文章を集中して読むのは、あまり得意ではありません。文字を追うよりは、人と話すほうが楽しいと感じるタイプです。

そんな私にとっても、「本」は人生に欠かせないアイテムとなっています。

ここでは、「セルフブランディングツールとしての本」について、お話ししたいと思います。

本が優れていると感じる点は、大きく分けて次の3つです。

①知識や考え方をインプットできる
②自分を客観視できる
③コミュニケーションツールになる

①に関しては、自分が本を書かせていただくようになって、あらためて強く実感するようになりました。

決して苦労自慢をしたいわけではないのですが、1冊の本ができるまでには、たくさんの時間と労力、そして情熱が必要です。自分の考えや知識を読者に伝えるために、本のプロである編集者と、知恵を絞り合って書き上げます。

出版のイベントなどで、多くの著者の方にお会いするようになりましたが、出版不況が叫ばれる中で、出版社から「本を書きませんか」と依頼されるだけあって、みなさん本当にパワフルで魅力的な方々ばかり。そういった各分野のプロやカリスマが、生涯かけて積み上げてきた知恵や知識が詰まっているのが「本」です。それが千円ちょっとで手に入るのだから、とても「お得」なものです。

インプットする「本」の選び方は、書店に行って、売れ筋のものをいくつか手にとってみるのもいいでしょう。流行りの本を読んでおくことで、トークのネタも増えますし、時代の流れを感じ取ることもできます。

さらに、ぜひ実践してほしいのが「人におすすめの本を聞く」ということです。

尊敬する人や、魅力的だと感じた人に、「好きな本は何ですか?」「最近、読んで面白かった本は何ですか?」と聞いてみる。そして教えてもらったら、その場で買う。ネット書店ですぐに検索して、ポチッと購入するのです。

「その場ですぐに」というのがポイント。

「コイツ本気だな」「真剣に、自分に興味を持ってくれているな」という印象を、相手に与えることができるからです。

「鉄は熱いうちに打て」と言うように、話を聞いてすぐにその本を読んだほうが、内容に対してより興味が湧きますし、頭にも入りやすくなります。

気になったところは、マーカーで印をつけたり、ちょっとしたメモを残しておきます。こういうときに、電子書籍は本当に便利。印をつけたところをすぐに読み返すことができますし、せっかくメモを残した本をなくすこともありません。紙の本は、人に貸したり、引越しをしたりしているうちに、いつの間にかなくしてしまうことも多いですからね。

いまいち面白くなかった、興味が持てなかったという本も、ムダではありません。

むしろそのほうが、セルフブランディングのためには有効です。

何に対して興味を持てなかったのか、賛同できなかったのかを残すことで、自分の思考パターンがより明確になるからです。

海外に行って、日本の良さに気づいたりするように、自分の中にはなかった思考や情報に触れることで、より深く、多角的に自分を見つめ直せるようになります。

これが②の「自分を客観視」するということです。

本は文字で書かれていますから、読書をすると、「言葉」で情報をストックしたり、自分の感情や思考を言語化して整理したりすることができます。

このストックがあるかないかで、プレゼンテーションや会話の説得力に、大きな差が生まれるのです。

たとえば「日本のアニメはすごい」という話をしたいとき、「すごい」というだけでは、何がすごいのか伝わらないし、賢さに欠ける印象があります。

これを「日本のアニメはストーリー性が豊かで、子どもだけでなく大人も、海外の人でも楽しめるようになっている。世界の市場規模は2兆円を超える」といったように、より具体的な情報と言葉で語ると、ぐっと説得力が増します。

会議などで、「あなたはどう思う？」と聞かれたときも、情報や自分なりの考えを言葉でストックしておけば、スムーズに意見を述べることができて、「お、しっかり考えているんだな」と相手に思わせることができます。

セルフブランディングと言っても、中身がなければ、ただの「カッコつけ」です。すぐにメッキが剥がれてしまいます。

自分なりの知識や情報を蓄えて、「中身をつくる」ことが絶対に必要。読書をすることは、自分を育てることになるのです。

さらに、「本」はコミュニケーションツールとしても有効です。

ここまでは、電子書籍の利便性を強調してきましたが、コミュニケーションの道具としては、「紙の本」のほうが使えます。

私はよく本をプレゼントします。

かつて自分が仕事で悩んでいたとき、友人から、ある経営者の本を贈られて、とても嬉しかった経験があります。自分にぴったりの本を、そっとプレゼントしてくれた気遣いに感激したものです。

口でのアドバイスや励まし以上に、「本当に自分のことを考えてくれているんだな」と感じました。その本は、いまでも折に触れて読み返します。

相手に贈る本を選ぶ際は、難しいものを贈ろうとか、カッコつける必要はありません。それでは自己満足になってしまいます。相手との何気ない会話や、インスタグラムの投稿などで、何に興味を持っているかを探る。それをもとに書店に行って、相手の興味を引きそうなものを選ぶといいでしょう。

本は、自分のことを相手に知ってもらう、きっかけにもなります。

たとえば待ち合わせのとき、あなたが本を手に持っていたら、自然と「何の本なの？」という会話の流れになりますよね。そこから、自分が興味のある分野や人物などを、嫌味なく相手に知ってもらうことができます。

さらに、普段はおちゃらけた会話ばかりでも、こういうときに真面目な本を読んでいたら、「おっ」と思わせることもできます。仕事や肩書き、普段の会話からでは伝えきれない、自分の「意外性」を、本を通じてアピールすることができるのです。

POINT

本を読み、人に会おう

空間を変えて、感性を磨く

LIFE STYLE DESIGN ▶

インテリア関係の仕事をしていると、

「インテリアには興味がない。もっと大事なことがある」

「自分には、オシャレとかセンスとかよくわからない」

などと言われることがあります。

でも、そういうことを言う人ほど、打ち合わせ場所に眺めの良いホテルのラウンジを指定してきたり、オシャレなカフェの常連だったりするものです。

心の奥底では、快適な空間に身を置くことが気持ちや仕事に大きな影響を与えることがわかっているのです。

私は、自宅やオフィスのインテリアが変わるだけで、人生が変わったという人を、間近で何人も見てきました。

私が部屋のコーディネートを手がけたことがきっかけで、着る洋服が変わり、乗る車が変わり、オフィスのデザインが変わり、会社の名刺が変わり、ウェブのデザインが変わり……年商が10倍以上になったIT会社の社長もいます。

彼は、

「住む部屋のインテリアが変わったことで、心持ちが変わり、見える世界が変わった」

と話してくれました。

もちろん、彼自身が優秀で、商才があったことには違いありません。彼の場合は、空間を変えることで、その才能が輝き出すきっかけとなったのです。

一方で、空間の状態によっては、悪い連鎖を生むこともあります。

「ブロークン・ウィンドウズ理論」という言葉をご存じでしょうか？

アメリカの犯罪学者、ジョージ・ケリングが提唱した理論で、「窓の割られた車」をたった1台でも放置しておくと、その周辺の治安は乱れ、凶悪犯罪も増えるという悪い連鎖現象のことを言います。

住んでいる空間や、働いているオフィスのデスクなど、環境が乱れていると、そこから不安やいら立ちが増幅してしまうのです。

1996年、業績不振に陥っていたApple社にスティーブ・ジョブズが復帰した際、真っ先に着手したのは、この「ブロークン・ウィンドウズ理論」をもとにした、社内の風紀改善だったといいます。

ジョブズは、オフィスの汚れや社員のルーズな習慣を一つひとつ改善していくことで、クリエイティブな環境を整備していきました。

クリエイティブというと自由でおおらかなイメージがありますが、真の創造性には、ある程度の規律と整った環境が必要だとわかる良い例です。

心理学には、「外界の様子は、心の内を表している」という考え方があります。

服装や言動など、外から見えるところに、その人の心の状態が現れている、というのです。

居住空間も例外ではありません。イライラしていたり、疲れていたりするときは部屋が汚いけれども、掃除をするとスッキリと晴れやかな気分になる。

多かれ少なかれ、誰もがそんな経験をしたことがあるのではないでしょうか。

空間が変われば心の状態が変わり、心の状態が変われば人生が変わります。

「環境を変えると、人生が変わる」というのはよく言われることですが、仕事を変えたり、引越しをしたり、結婚をしたり……というのは、そう簡単にできることではありません。人間関係をガラリと入れ替えるのも、難しいものです。

その点、空間インテリアを変えるのは気軽。いますぐにでも着手できます。

散らかっているなら片付ければいいし、テーブルの向きを変えるだけでも気分が変わる。ラグを敷いたり、カーテンを変えたり、家具をいくつか買い換えることができれば、さらにリフレッシュできるでしょう。

オフィスの場合、全体を自分の好みに変えることはできなくても、自分のデスク周りを片付けて、小さな観葉植物を置くだけでも、ずいぶん雰囲気が変わるはずです。

具体的に、どのように自分の空間づくりをしていくかについては、拙著『なぜデンマーク人は初任給でイスを買うのか?』(きずな出版)に詳しくまとめたので、興味を持ってくださった方は、ぜひそちらも読んでいただけましたら幸いです。

空間にこだわり、本当に気に入ったものや必要なものだけを、生活しやすいように配置する。そういった環境をつくり上げていくことで、毎日の生活の中から不安やいら立ちが排除されて、安心感やワクワクが育まれていきます。

このことが、ポジティブな循環をつくり、人生が好転するきっかけや創造力を生み出していくのです。

POINT

「空間」は、最も手軽にできるセンスを磨く手段である

LIFE STYLE DESIGN ▶

自己満足より他者満足のファッションを

最近、あなたが初めて会った人を思い出してみてください。
その人が何を着ていたか、覚えているでしょうか？
多くの人が、詳細には覚えていないと思います。

しかし、たとえば初めて会った相手が、どんな洋服を着ていたかを詳細に覚えていなくても、「カッコよかった」「ダサかった」「デキる人に見えた」「好みじゃなかった」……といった〝印象〟は残っているはずです。

その印象に、ファッションは大きな影響を及ぼしています。

ファッションにおいて大切なのは、何よりも「人に好感を持ってもらえるかどうか」です。そして、好感を持ってもらえる相手は、多ければ多いほどいい。

たとえば、あなたがパンクロックファンで、パンクロック風の格好を好んでいるとします。

趣味としては何も問題がないし、同じファン同士の仲間意識を高めたり、ライブの際には、気分を盛り上げる役目を果たしたりもするでしょう。

でも、パンクロックが好きではない人には、服装を見ただけで会話をする前から、「この人とは話が合わないな」と思われてしまうかもしれません。

カッコいいファッションを目指すなら、単純に一人でも多くの人に「カッコいい」「あの人と話したい」と思われないと、損だと思いませんか?

できるだけ多くの人に受け入れられる、好感を持たれるファッションを追求していくと、行き着くのは「スタンダード」と「シンプル」です。

具体的には、色は黒か白。迷うとしたらグレーかネイビー。

私は、ユニクロやH&Mなど、ファストファッションもよく利用します。

洋服で重要なのは、値段ではありません。でも、安っぽく見えない工夫は必要です。

そこでポイントとなるのが「形」です。

洋服は何よりも、形が大事。

海外の高級ブティックで購入した、欧米人向けにつくられた服に〝着られて〞いるより、日本人の自分の体にフィットするユニクロの服を、シンプルに着こなしていたほうが、よっぽどスタイリッシュに見えます。

「海外のブティックで買い物をした」という経験は、人生において豊かさをもたらすかもしれませんが、その洋服が人に与える印象は、また別の話です。

色は白や黒などできるだけシンプルに、と言いましたが、形が自分に合っていないと、ただの「地味」な格好になってしまいます。

地味というのは、「色気がなくて、感性を感じない」ということです。

一方、形が合っていれば、同じ黒や白のコーディネートでも、オシャレでスタイリッシュな印象を与えることができるのです。時代によって「タイト」や「大きめ」などの流行の形があるので、意識するようにしましょう。流行の形を知りたければBEAMSなどのアパレル店に行って、店員さんに聞いてみてください。

私は、メガネをかけていると「カッコいいね、どこの？」と聞かれることがあるのですが、ノーブランドの1万円もしないいくらいのもの。値段を言うと驚かれます。シンプルで、自分にフィットしたものを身につけていれば、ファストファッションでも安っぽくはならないのです。

いくら高くても、流行遅れのものをずっと着ているよりは、安くても流行の形を取り入れたものを身につけていたほうが、断然オシャレに見えます。

自分に合う形を見極めるためには、人に見てもらうことが一番です。

周りの知人友人の中で、「センスがいいな」と感じる人と一緒に買い物に行って、試着した姿をチェックしてもらうといいでしょう。

異性の友人にチェックしてもらうのも有効です。

そもそもファッションというのは、本能的には「異性からの好感」を獲得するためのものですし、「できるだけ多くの人に好かれる」という点からも、同性だけでなく異性からのアドバイスを取り入れることは必要だと思います。

友人のドクターが、どうにもモテないというので、私自身がファッションコーディネーターを買って出たことがありました。

その友人は非常にデキる男で、経済力も抜群、顔も性格もいいのですが……いかんせん、洋服をブランド物で固めて、ギラギラとした雰囲気を放っていたので、以前からもったいないなと思っていたのです。

私がやったことは、彼の本来持っている上品な中身に合うように、シンプルなコーディネートにしただけ。

値段も、彼が普段着ている洋服の半分以下に収まったのですが、それだけでずいぶん印象が変わり、それ以来、異性と話す機会も増えたと言います。

自分に自信のない人や、周りが見えていない人は、ファッションの形も色も、とがった方向に行きがちです。自己主張がとがりすぎてしまうのです。

それは、人に「覚えてもらう」ことを目的にするなら有効かもしれませんが、好感度を上げたいなら、とがりすぎないほうがいい。

相手への好感度を追求するなら、「差し色」や「小物で遊ぶ」のも、ほどほどがいいかもしれません。これも結局、自己満足に終わることが多いからです。

私も、自分の好きな水色のカシミアのマフラーを持っているのですが、これも本来は、グレーや黒・白の無地のものがあれば十分だと思っています。

Apple製品がデザインのシンプルさを追求した結果、多くの人に受け入れられたように、洋服もやっぱりシンプルが一番なのです。

ここまでお話ししたことで、ファッションセンスを磨くのに、お金はあまり必要ないことは、わかっていただけたと思います。

限りある予算の中で、いかにシンプルに、自分に合うものをコーディネートできるかでセンスが磨かれていきます。

まずは、洋服を断捨離しましょう。


そういう私も、以前は一部屋を埋め尽くすほどの洋服を持っていたのですが、引越しを機にネットで売って、スッキリしました。

いまは、かつての3分の1ほどの洋服しか手元にありませんが、それで十分です。むしろ着るものに迷うこともなくなり、人生が快適になったと感じています。

洋服をたくさん持っていると、これに合うものが欲しい、あれに合うものも必要と、どんどん服や小物が増えてしまいます。

厳選した洋服だけ残して処分。処分が難しい人は、強制的に収納場所を少なくしてしまいましょう。私の引越しが、まさにこれでした。物理的に洋服をしまう場所がなくなったので、断捨離を決行できました。

新しく購入する洋服は、自分と時代に合った形のものにしましょう。

身の丈に合わない高いコートを買ってしまって、流行から外れても何年も着続けるというのが、典型的な悪い例です。そういうことをするなら、最先端を取り入れたファストファッションを選んだほうが、ずっといい。

雑誌は流行の勉強にはなります。しかし見ているものが全部欲しくなってしまうという人は、いったん雑誌を読むのもやめましょう。モデルの着ているものが自分に似合うとは限らないからです。

あと大事なのは、清潔感です。

洋服の素材は化学繊維もおすすめのひとつです。化繊は値段も手頃なものが多く、また丸洗いできるのもポイントです。

高級ブランドの洋服は、革やウールなど動物性の繊細な素材のものが多く、扱いが難しいのですが、化繊であれば自宅ですぐに洗えます。そのほうが清潔で、着ていてもアレルギー反応も少なく、気持ちがいいものです。乾燥機さえかけなければ、伸びや縮みも少ない場合が多いです。

繰り返しになりますが、ここでお話ししたのは、あくまでも「予算内で、できるだけ多くの人に好印象を持ってもらう」ためのテクニックです。

ファッションの楽しみ方は、人それぞれ自由。ただ、そのファッションが自己満足で終わっていないか、一度振り返ってみましょう。

自分の見せ方や、他人との関わり方、お金の使い方など、いろいろなことがファッションを通じて見えてくるはずです。

POINT

ファッションは「シンプル」「自分と時代に合った形」「清潔感」を意識

LIFE STYLE DESIGN ▶

腕時計は投資として考える

ファッションに関しては、「シンプルで、時代と自分に合ったものであれば、安物でいい」という話をしてきました。しかし、ファッションの中でも、私にとって別枠で語らなければならない存在があります。

それが腕時計です。

腕時計は、シンプルなら安物でいい、というわけにはいかないものです。

その理由は、大きく分けて3つあります。

① 腕時計は「時を刻むもの」であること
② 腕時計は「人から判断される」材料になること
③ 腕時計は「投資」であること

①については、単純な理由です。

人生は、「どれだけ豊かな時間を過ごせたか」によって変わってきます。笑って過ごした1分も、イライラして過ごした1分も、同じ時間です。二度と戻ってくることはありません。

私は、大げさではなく1分1秒でも、「嫌なこと」をして過ごす時間を、人生からなくしたいと考えています。それには自分の手元で時を刻むものが上質なものであればあるほど、時間を確認するたびに豊かな時間が流れるような気がして、満たされた気持ちになるのです。

職人の技が光る良い腕時計をつけていると、それだけ時間に対する感覚も、繊細になります。

だから、腕時計好きな人は感性が豊かで、情報通な人が多いのです。

「良い腕時計は、それだけ良い時を刻む」

これは私の実体験から、そして周りの腕時計好きな人を見ても、紛れもない事実だと確信しています。

②については、最近のファッション業界の技術革新も関係しています。

最近は、洋服の素材はどんどん進化していて、一見して高価なものか安物なのか、わかりにくいものが増えてきました。

ファッションの項でもお話ししましたが、高級品のほうが素材も繊細で扱いが難しく、少し座っただけでシワができてしまったりするものも多いです。ファストファッションのシワにならない素材のほうが、一見ピシっと決まっているように見えてしまうことも、少なくありません。

また、洋服の世界はあまりにも多岐に渡りすぎて、高級ブランドの服が必ずしも高級感のあるデザインに見えるとは言えなくなってしまいました。ブランドより、着る人のタイプや、見る人の主観に大きく左右されます。

しかし腕時計は違います。

腕時計は、ファッションアイテムの中でも、職人技が物をいう機械製品です。

機械製品は、それにどれだけ手間がかけられ、貴重な部品が使われているかで、値段が変わってきます。

ロレックス、パテック フィリップ、カルティエ、A.ランゲ&ゾーネ……。腕時計は、こういった老舗の高級ブランドほど、高い職人技術が受け継がれ、良質な部品が使用されるという歴然とした事実があります。

そういうわけで、高級ホテルのホテルスタッフも、かつてはゲストのスーツの素材や靴を一瞬でチェックしていましたが、いまは、もっぱら腕時計をチェックしていると言います。

たとえば、スイスの高級時計メーカー「パテック フィリップ」。主張しすぎないデザインで、堅実な印象を与えてくれます。

パテック フィリップの上品な腕時計がスーツからちらりと見えただけで、相手からの「信用力」を勝ち取ることができる、そんな存在なのです。

それが、③の「投資」につながっていきます。

腕時計は、相手からの信頼を得て、自分の評価を高めるための一種の投資です。

そういう意味で腕時計は、背伸びをして、思い切って良いものを買うことも必要だと思います。腕時計には、その価値があります。

そして、相手からの評価だけでなく、「この腕時計に見合った自分になろう」と、自己成長にもつながります。

洋服の場合は、どんなに良いものを買って、「これに似合う自分になろう」とがんばっても、数年間着続けたら、いくら高級品でもくたびれてしまいますし、時代遅れになってしまいます。

腕時計の場合は、まったく大げさではなく「一生もの」です。自分の一生どころか、子ども、さらに孫の世代にも受け継ぐことができます。

ですから、資産的な価値から見ても、腕時計には投資する意味があるのです。

前に例を挙げたパテック フィリップは、1本数百万円、なかにはマンションが買えてしまう位の値段がするものもあります。いくら投資の価値があるとは言え、確かに気軽に買えるものではありませんね。

でも、1本持つだけで一生もの。腕につけているだけで、自分の価値や相手に与える信用が何倍にも高まる……と考えたらどうでしょう。

一生のうちで、数万円の腕時計をファッション感覚で何本も買ったり、車を何台か買い換えたりすることを考えたら、自分の価値を高めてくれる究極の腕時計1本に投資することは、それほど無謀なことではなく、ましてやムダな浪費などでは、まったくないと思いませんか？

腕時計は、必ずしも新品でなくて構いません。

本当に良いものであれば、中古品でもいいと思います。むしろ中古品のほうが、最近では手に入らない、貴重な部品を使っているものもあります。高級車と同じです。

これから1本手に入れるなら、私のおすすめは、「A.ランゲ&ゾーネ」。「ランゲとその息子たち」というブランド名からも、時計師一族の歴史の重みとプライドを感じる、ドイツのマニュファクチュールブランドです。

技術、デザイン、ブランド力、どれを取っても一流で、まずこれを1本持っていれば間違いない。他にはいらないと言えるほど、パーフェクトな時計です。

腕時計も服と同じで、結局シンプルが一番。

材質はホワイトゴールド、文字盤は白、ベルトは革を選べば間違いありません。季節によってベルトの色を変えれば、それだけで雰囲気もガラリと変わるし、オシャレに見えます。

先ほどファッションの項で、「ファッションで遊ぶのは自己満足」という話をしましたが、そういう意味では、腕時計のベルトは唯一ファッションの中で遊んでもいい、遊ぶと好印象を与えるポイントです。

シンプルな洋服に対して、季節に合った革のベルトがちらっと覗くから、カッコいいのです。

腕時計には、「ちらっと見える美学」があります。袖口から、シンプルだけれども、センスの良い上品な時計が見えることで、「こだわりがある人なんだな」と思わせることができる。

訴えすぎないことで、上品さ、信用度が上がります。

服装と一緒でやりすぎは禁物ですが、腕時計に対する考え方を、今日から変えてみてはいかがでしょうか。

POINT

時計は多少無理をしても、良いものを

LIFE STYLE DESIGN ▶

海を渡って異文化に触れよう

近年、海外旅行に行く若者が減っていると聞きます。

お金がない、休暇が取れない……など、背景にある理由はさまざまのようです。

海外旅行が以前ほどステイタスではなくなった、ということもあるかもしれませんが、私は単純に「もったいないないな」と思います。


私は仕事柄、そして性格柄、ほぼ毎日会食をして、いろんな人と会っています。

そんな私でも、やはり同業他社の人と話せば、「自分の会社とは、こういうやり方が違うんだな」という発見があります。

さらに異業種の人と話せば、「うちの業界とは、こういう常識が違う」と新鮮な驚きがあります。

主婦をしていたり、子どもがいたりする友人と、仕事とはかけ離れた軸で会話をすると、まったく新しい感覚や世界を知ることも少なくありません。

結局、私たち人間は、自分がいる環境の常識や枠組みにどうしてもとらわれ、染まってしまうものなのです。

新しいアイディアが欲しい、これまで身につけることのできなかったセンスを磨きたいというなら、環境を変えてしまうのが手っ取り早い。

海を越えて別の国に行くということは、物理的にいまいる環境、自分が染まっている常識や文化の枠から、飛び出すことになります。

ネットであらゆる情報が手に入るようになったとはいえ、「何を検索するか」「何を検索したいと思うか」で、アクセスする情報は変わってきます。

毎日、似たようなサイトをネットサーフィンしているだけで、世界が広がるわけではないのです。

しかも、多くの日本人は、日本語で書かれた情報にしかアクセスしませんから、実際は、ごく一部の情報や考え方にしか触れられていないという現実があります。

インターネットが、そこまで夢の世界ではないことは、もうみんなわかってきているはずです。

私はよく海外へ行きます。

「海外に行くとしたら、どこがおすすめですか？」とよく聞かれますが、仕事・観光・食事・遊びと、4拍子揃っているのは、やはりイタリアです。

私は毎年、ミラノサローネ国際家具見本市に顔を出して、「これは面白いな」というものを購入してきます。

仕事上、ミラノのインテリア関係の人とは、よくメッセージのやり取りをしますし、ネットや雑誌で、世界のインテリア事情はチェックしているつもりです。

それでもやはり、現地に行かないとわからないことや、感じることができないこと

は多々あるものです。

音楽が、データで誰でもダウンロードできるようになったことで、歌手などのアーティストのメインフィールドが、ライブ活動に回帰しています。

これと同様に、ネットで誰でも海外の情報を見られるようになったからこそ、「現地へ行く」というリアルな体験に、あらためて価値が生まれてきているのです。

これはまさに、新しい時代の生存戦略のひとつと言えるでしょう。

まずはどこでもいいから、海外に行ってみるというチャレンジから始めてみてはいかがでしょうか。

きっと世界が広がるはずです。

POINT

ネットではわからない。実際に現地に行こう

LIFE STYLE DESIGN ▶

趣味という名の生存戦略

ここまで読んで、「仕事ばかりしているのではなく、いや、仕事をさらに充実させるためにも、何か新しい趣味に取り組んでみよう」という気になっていただけたとしたら、とても嬉しく思います。

いままでやってきた趣味を深めていくのは、もちろん素晴らしいことです。

すでに「これだ」という好きなことを持っている方は、ぜひそれを極めていっていただきたいと思います。

なぜ好きなのか、どんな活動をしているのかを、どんどんＳＮＳで発信していけば、趣味を通して人脈や可能性が広がっていくはずです。

これから新しい趣味を始めようと思っている方は、**「競技人口が多いこと」**を、ひとつの選ぶ基準にしてみてください。

理由は単純で、競技人口が多ければ多いほど、趣味を通じて素敵な仲間が見つかる可能性が高いからです。関係者が多ければ多いほど、ＳＮＳで趣味の輪も広がりやすいし、職場や飲み会で話題が盛り上がりやすい。

趣味を最大限に楽しむコツは、やはり「一緒に楽しめる仲間をつくること」に尽きるのではないでしょうか。

もし「オリンピックで世界一になる」が目標であれば、競技人口の少ないものを狙ったほうが可能性は高いかもしれません。

そうなると、いくら競争相手が少なくなるとはいえ、「趣味」や「遊び」の領域を超えた、努力や才能が問われる話になってきます。そこまでの覚悟があるのなら、極めていくのは立派なことですが、成功するのはひと握りでしょう。

あくまでも、人生を豊かにする戦略としての「趣味」と考えると、やはり私は関係者の多い、ポピュラーな趣味に手を出すのが正解だと思います。

また、ビジネスの世界では、時に「未開拓のニッチ産業を掘り当てた人が成功する」と言われることがあります。

すでに開拓されたものを、2番手3番手で手を出すのではなく、誰も気づいていなかった新しい商品や、新しい需要を開拓できた人や会社こそが成功するという話です。

これは、確かにそうでしょう。まったく同じ物やサービスを後から提供したところで、市場には驚きも新しい価値もない。

ただし、いくらニッチな産業を掘り当てたところで、それに対する需要、つまり必要とする人の数が大きくなければ、ビジネスとして大成する可能性は低いわけです。

よっぽど単価が高いとか、特別な事情がない限りは、需要の規模に応じた程度のビジネス展開を、細々とやっていくしかありません。

ビジネスにおいても、結局は必要とする人が多い、できるだけ多くの人に好かれるところを狙っていったほうが、将来的な広がりが大きくなっていくのです。

だから私は、趣味を選ぶ際も、**「どうせなら、ニッチよりマスを狙おう」**と言いたい。

さらに、そのマスを、ぜひ世界規模で考えていただきたいのです。


いま日本では、将棋ブームです。若い天才棋士の活躍で、連日のように将棋がニュースで取り上げられています。将棋は、確かに奥が深く、面白い競技です。ただ残念ながら、海外で将棋ができる人は、それほど多くはありません。

その点、チェスはどうでしょう。

ヨーロッパに行けば、公園やカフェで、チェス盤が置いてあるだけで、「どれ、一局」と初対面の人同士がゲームに興じる光景が、至るところで見られます。

海外に行った際、言葉が通じない相手とも、チェスというゲームのルールさえ知っていれば、一瞬で友人になれる可能性があるのです。

それこそ、いまはSNSがありますから、街角のカフェでチェスを一試合した相手と、Facebookのアカウントを交換すれば、たとえ言葉で分かり合えなくても、その後何年にも渡って友情が続く可能性だって十分にあり得ます。

実際に私も、そのようにつながった友人のFacebookや、インスタグラムの写真から刺激を受けたり、仕事のヒントになるようなアイディアを授かったりすることもよくあります。

じつは、空間プロデューサーとしても、チェスはおすすめしたい趣味です。

チェスのルールを全然知らなくても、チェスに対して、「カッコいい」「オシャレ」という印象を持っている人は、多いのではないでしょうか。

それは、チェスのボードや駒の種類が豊富にあって、非常にデザイン性に富んでいるからです。白黒のシンプルなものから、カラフルな動物をデザインしたもの、素材もアンティーク調の木製から、大理石でつくられたものまで、本当に様々な種類があります。

自分が気に入ったチェスセットをひとつ買って、リビングのテーブルに置いておくだけで、自分らしさが演出できるインテリアになるのです。

一般的なサイズのものでしたら、リビングのテーブルに出したままにしても、たいして邪魔にはなりません。インテリアとして楽しみつつ、気が向いたときにゲームに興じることができるので便利です。

まったく未経験の方は、いまはチェスのアプリがたくさん出ていますから、まずはそういったものを使って、ルールを覚えるのもいいでしょう。

一通りのルールを覚えたら、一緒にプレイできる人を探したり、自分の好みに合うチェスセットを探したりすると、楽しみが広がっていくと思います。

ぜひ一緒にチェス、やりましょう。

POINT

趣味は競技人口が多いものを選ぼう

CHAPTER
5

人生を豊かにする具体的ツール

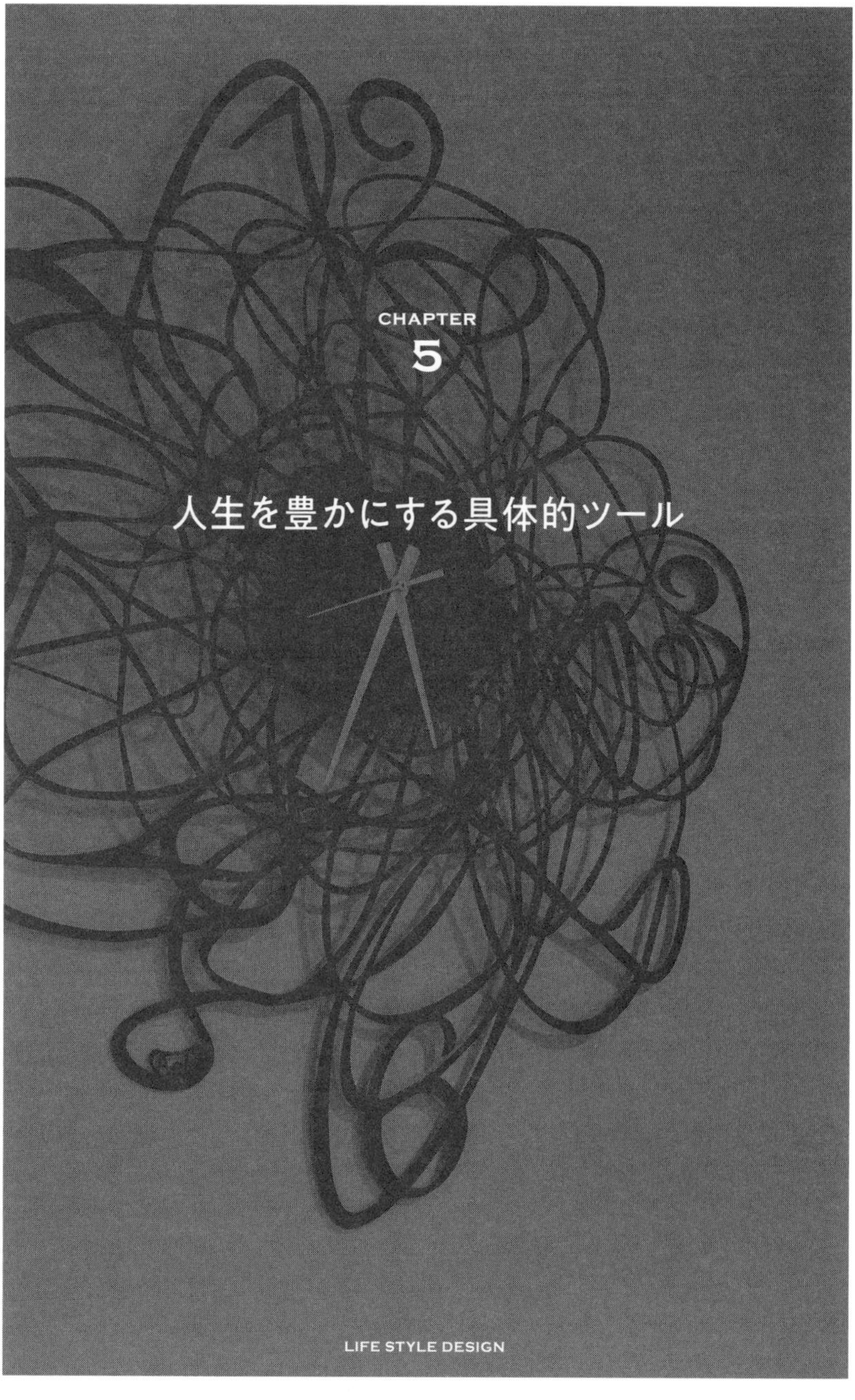

ワークアウトグッズ

tool_01

トレーニングベンチと、「ボウフレックス」のダンベル。

このダンベルは、負荷が調整できて（4kg～最大41kg）、全身の筋トレができます。17段もの負荷がついているのに、コンパクトだからワンルームマンションでも置き場所に困らないところも有難いところです。

この2つが家にあれば、健康とスタイル維持に必要なトレーニングが、いつでも好きなときにできます。

わざわざジムに通う必要もありません。

もちろん、ジムでは専門のトレーナーにみてもらったり、そこで人との出会いがあったり、通う価値はありますが、ほどよい筋肉をつけて健康を維持するトレーニングは、自宅でできる筋トレで十分です。

私はこのグッズを使って、一日おきに30分、トレーニングをしています。

サスギャラリーのチタンタンブラー tool_02

一日に一度も水分を摂らない人はいませんよね。グラスは生活の必需品。そういう毎日使う物にこそ、こだわりを持つことで、人生の質はグッと上がります。

「SUSgallery（サスギャラリー）」のチタン製タンブラーは、とにかく軽い。結露しにくいのでコースターがいらない、落としても割れない、ガシガシ洗っても傷つかない、熱湯を入れても熱くならないので持ちやすい、真夏に氷水を入れて一晩ベッドサイドに置いておいても、翌朝氷が溶けていない……と、従来のグラスのあらゆる欠点を解消した、まさに奇跡のタンブラーです。

江戸時代から金属加工の町として栄える、新潟県燕市で製造されています。日本の伝統技術と、現代のライフスタイルに即したデザイン性が融合して、革新的な生活用品となっているところも、素晴らしい。

ひとつ1万～2万円くらいするので、安い買い物とは言えませんが、これさえあればシーンを選ばず、冷温あらゆる飲み物に使えます。バカラのグラスを集めて食器棚の飾り物にしておくより、よっぽど有意義な投資だと思います。

デルタのペン

tool_03

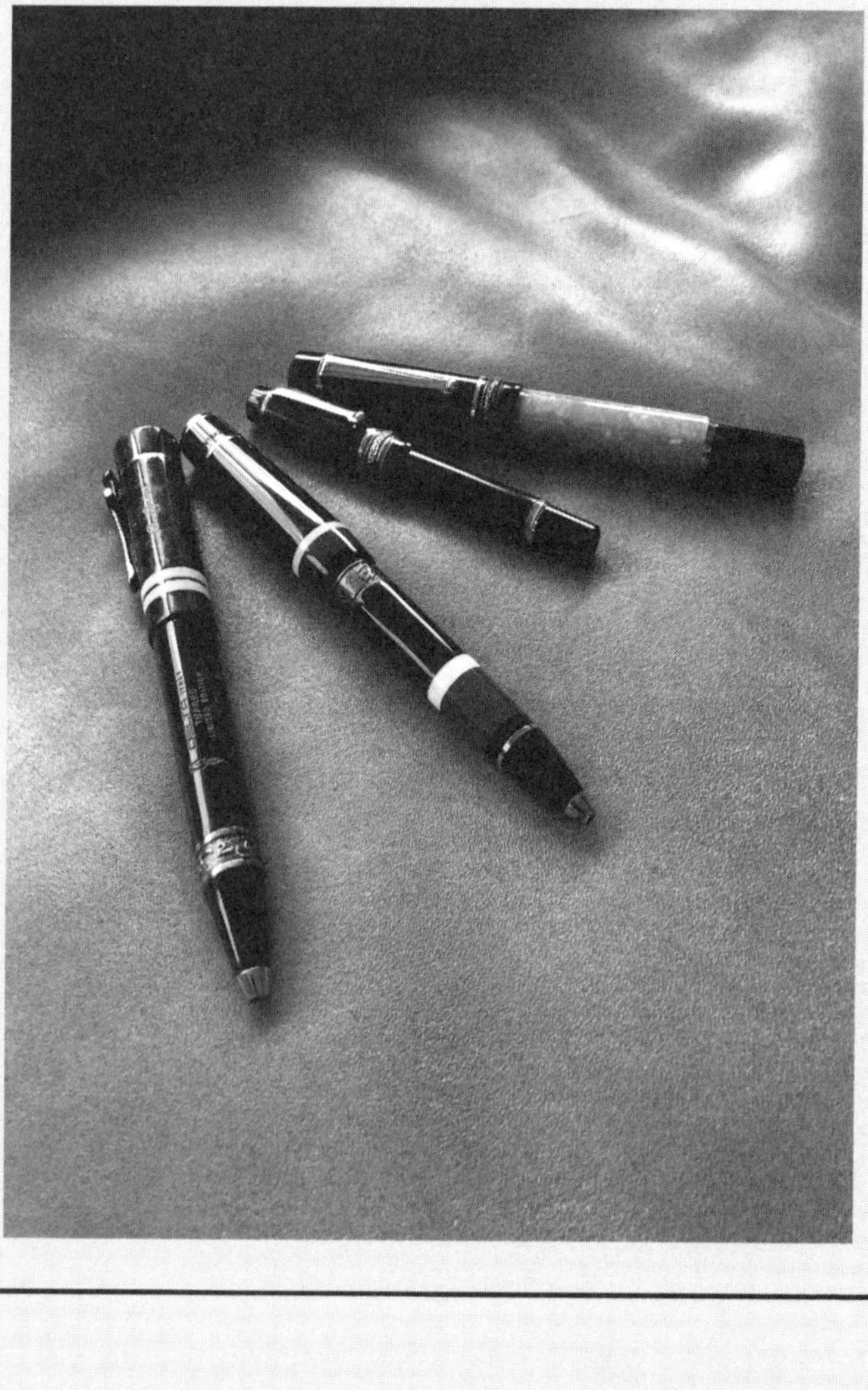

「DELTA（デルタ）」は、イタリアを代表する筆記具ブランドです。

22歳の誕生日プレゼントでもらって以来、その洗練されたデザインと抜群の書き心地のとりこになってしまいました。

文具は、仕事でもプライベートでも自分を表現できるアイテムです。

もちろん、数百円のペンにも書きやすいものはたくさんあります。でも、打ち合わせでメモを取るとき、100円のプラスチックのペンを使う人と、美しく高級感溢れるデザインのペンを使う人、どちらの人が「仕事ができそう」「感性が鋭そう」と感じるでしょうか。

デルタのペンは、キャップやクリップにも美しい彫刻が施されているので、胸ポケットにさしているだけでも、「ひと味違う人」を演出できます。

普段使うペンを変えるだけで、人に与える印象が変わり、「一緒に仕事がしたい」「この人の話を聞いてみたい」と言ってもらえるチャンスが格段に増える。

それなりの値段のするペンですが、これはペンの価格以上に価値あることだと思いませんか？

革製品

tool_04

私は昔から革製品が好きです。年月や、自分の使い方次第で表情が変わる、「育てる楽しさ」があるからです。だから革製品は、ブランド品でも個性が表現できます。数ある革製品ブランドの中でも、私が愛用しているのがフランスの「Berluti（ベルルッティ）」です。表面のカリグラフィ模様には、アンティークのような物語性があります。古代ラテン語のラブレターだそうです。ベルルッティの革靴は世界中の男の憧れ。ピカソやアンディ・ウォーホルらも愛用していたそうです。

「オシャレは足元から」とよく言いますが、ベルルッティの革靴は、「この靴に合う自分になろう」と、やる気もオーラも強化してくれます。

このブランドの最大の魅力は、渋くて上品な独特の色合いと言えるでしょう。40種類以上の染料を組み合わせ、職人の手作業で染められるので、完全に同じ色のものは存在しません。さらに、使えば使うほど「自分だけの味」が出てくるので、どんどん魅力的になっていく。私の財布は、ときどき青山のショップでメンテナンスをしてもらいつつ、もう10年以上使っています。革製品は消耗品だという概念を、すっかりくつがえされました。

セットアップ

tool_05

ポリエステルやナイロンがミックスされた、シワにならない素材のゆるめのセットアップ。これが数着あれば、どこへ行っても恥ずかしくありません。中が適当な白いTシャツでも、これを着てしまえば、それなりに見えます。女性の場合は、シワにならない素材のシンプルなワンピースが数着あると、いいのではないでしょうか。

私は、旅行に行くときも友達と会うときも、大学で講義をするときも、このセットアップを多用しています。先日はこれに蝶ネクタイをつけて、結婚式にも出席しました。どんなに高級なスーツでも、シワシワになっていたらみっともないものです。こういった素材なら、何時間飛行機に乗っていてもシワになりませんから、その足で商談に向かうこともできます。ファッションの項目でも書きましたが、色は黒、白、グレー、ネイビーなどでシンプルなデザインのものを。中のシャツも柄物ではなく、結局、白シャツが一番カッコよくまとまります。

「シワにならないセットアップ」というのも、技術の進歩のひとつです。ＩＴだけでなく、こうした身にまとうものの技術革新にも関心を持って、積極的に取り入れることで、時代のメリットが享受できるし、体感的に未来感覚が養われると思います。

香水・アロマ

tool_06

香水は大好きで、数十種類持っています。とくによく使っているのが、フィレンツェの修道院薬局でつくられている「サンタ・マリア・ノヴェッラ」のオーデコロン。天然ハーブをベースにしているので、キツイ香りがしなくて、男性にもつけやすい。アンティーク調の瓶やロゴもオシャレで、インテリアとしても優秀です。

まず1本買うなら柑橘系を。柑橘のフレッシュな香りは、つける人もシチュエーションも選ばないし、この香りを不快に感じる人は少ないので使い勝手がいいのです。香水は、「ワンプッシュ」が鉄則。体温の高いところにつけると、ふわっとマイルドに香るので、手首や耳の裏など、脈打っているところにつけること。あるいは服の内側にシュッとひと吹き。

香りが与える印象の効果が大きいのは、「空間」も同じです。朝起きたときや、疲れたとき、部屋に好きな香りがふっと漂えば、それだけでホッとリラックスできるものです。人を招いたときにも、部屋に入った瞬間に良い香りがしたら、「この人の空間に、もっと入っていきたい」と思ってもらえます。

アート

tool_07

部屋にアートを飾るというと、敷居が高いと感じる人が多いようですが、じつは「部屋を自分らしく演出する」ためのすごく簡単な手段です。自分の好きな絵やポスターを飾るだけで、好みの空間が出来上がるわけですから。

初心者におすすめなのは、モノクロのフォトアートです。いまは、スマホの写真機能が本当に発達しましたから、旅先で撮った写真をモノクロプリントして飾るのもいいでしょう。飾り方は自由ですが、同等サイズの絵や写真を等間隔に2～3枚並べると、ギャラリーのような雰囲気になります。額は黒あるいは木製など、シンプルなものを選び、飾るエリアごとに色や種類を揃えると、まとまりが出ます。

アートは暮らしの豊かさの象徴です。なくても生きてはいけますが、心が満たされ、生活が豊かになります。自分はアートとは無縁だと思っている人も、部屋に飾るとなれば、ポスターや写真を見る目も変わるでしょう。ニューヨークではワンネーム・ワンアートが常識です。

そうした意識を持つことで、センスも磨かれていくのです。もっと等身大でアートを楽しむ人が増えたらいいなと、切に願っています。

グリーン tool_08

グリーンには、ヒーリング効果があります。人間は、視界に植物が入るだけで、ホッとして癒されるのです。ですからリグナでは、空間をデザインするときに必ず、各部屋にグリーンの要素を入れます。

私は、植物を育てることにどうやら向いているようで、家にある植物はどんどん元気に育っていきます。気がついたら右の写真の通り、たくさんの植物に囲まれた生活に。植物が元気なら、空気も淀んでいないのだろうと、空間清浄のバロメーターのようにとらえている部分もあります。

観葉植物を育てるコツは、対話をしながら世話をすること。植物は生きていますから、心を通わせることでよく育ちますし、自分自身も癒されます。どうしてもうまく育てられないという人は、世話が簡単で丈夫な多肉植物がおすすめです。

インテリアとしてのグリーンは、「鉢」が大切。買ってきたままの鉢ではなく、部屋に合わせた〝洋服〟を着せて、コーディネートしてあげるのです。たとえば私の家では、小さなサボテンを容器ごとエスプレッソカップに入れて飾っています。

AI　最新機器　tool_09

ＡＩスピーカーやスマート家電など、最新機器はできるだけ生活に取り入れるようにしています。Chapter3でも書いた通り、知らないと時代に乗り遅れますし、実際に使うことで、未来予知のアンテナが磨かれると考えているからです。

いまここで、私が使っているアイテムがいかに便利かを嬉々として語っても、本が出版されて、読者のみなさんのお手元に届く頃には、古くなっている可能性が十分にあります。それくらい速いスピードで技術は革新し、次々と新しい製品が発売されています。変化の時代を生きる私たちは、それを苦にしたり、無理に逆らおうとするのではなく、波に乗って楽しんだ者勝ちだと思います。

一番手放せないのは、やはりスマホです。パソコンも持っていますが、最近は仕事のほとんどが、スマホがあれば済んでしまいます。荷物が少なくて済むし、情報がひとつにまとまっているので合理的。写真撮影や、ちょっとしたプレゼンの資料作成も、ほぼスマホ１台でまかなっています。この章の写真も、私が自分のスマホで撮ったものです。

最終章では、実際に私が使っている、
「人生が少しだけ豊かになる具体的ツール」
をご紹介しました。

気になったものがあれば、
ぜひ手に入れてみてくださいね。

EPILOGUE

ワクワクして生きよう

私たちがいま生きているこの時代は、かつて人類が経験したことのない速度で変化している時代です。

情報通信技術や生命科学は、一日、1時間と待たず、加速度的に進歩し続けています。いままでのビジネスや人生のあり方は根本的に変わっていくでしょう。

私は、この大きな転換期に生きていることを、とてもラッキーだと感じています。

なぜなら、世界が変わるということは、言い換えれば、いまを生きている私たちこそ**「世界を変える当事者」**だということだからです。

未来は、私たち一人ひとりの手の中にあります。

医療、法律、アート、教育、スポーツ……興味のあることや得意なことは人それぞれ。おのおのが好奇心を最大限に発揮し、好きなことに真剣に取り組めば取り組むほど、世界は彩りを増していきます。

みんなが「自分がワクワクすること」に貪欲になればなるほど、「ワクワクした未来」が創られていくのです。

私が代表を務めるリグナは、「高度ライフスタイル創造カンパニー」をポリシーとし、「世界中にワクワクを提供する」ことを目的に活動しています。

ポリシーにある「高度」とは、より快適で楽しい、進化した未来のことです。

「ワクワクする未来を創りたい。その仲間を一人でも増やしたい」

本書は、その一心で書き上げました。

「もっと自分らしく人生を満喫したい」

「将来に向けて何をすればいいのかわからない」

そんな方に、この本がわずかでも助けになれば幸いです。

最後になりましたが、本書の出版に際し多大なるご協力をいただいた、きずな出版の小寺裕樹さん、オフィス髙森のみなさんに感謝申し上げます。

また、幼い頃から「ワクワクにまっしぐら」な私をサポートし続けてくれた母、私と共に「ワクワクの提供」に日々奮闘してくれているリグナ社員、私と「ワクワクを共有」してくれるたくさんの遊び仲間たちに、あらためて愛と感謝の気持ちを伝えたいと思います。本当にありがとうございました。

ワクワクの輪が、世界へ、未来へと広がっていきますように。

小澤良介

著者プロフィール

小澤良介（おざわ・りょうすけ）

リグナ株式会社代表取締役社長。浙江大学顧問兼講師。1978年生まれ。愛知県出身。

明治大学在学中に個人事業主として起業し、卒業と同時に創業。アートレンタル事業や内装業を手がけ、2004年にはデザイナーズ家具オンラインショップ「リグナ」をオープン。現在は東京にカフェやグリーンショップ併設の300坪を超える大型インテリアショップ、福岡には古民家を一棟リノベーションしたインテリアショップをオープンしている。近年は家具の販売以外に、空間プロデュースの分野でも活躍。ドバイの五ツ星ホテル「ラッフルズ ドバイ」の最上階レストラン「TOMO」のインテリア監修、福岡「ホテル ラ フォレスタ バイ リグナ」のリノベーションおよび総合プロデュースなどの実績がある。また、上場企業のブランディングや、多数のドラマのインテリア監修（フジテレビ系月9ドラマ『月の恋人』ではドラマ自体の監修も務めた）など、精力的に活動領域を広げている。2017年5月より、家具の領域を越え、2000種類のチャームから好きなアクセサリーをDIYできるショップ「BOX CHARM Industry」を東京原宿と大阪梅田に同時オープン。2018年より中国の浙江大学顧問に就任。MBAコースの講師も務める。

趣味は、仕事、車、ウェイクボード等、多岐にわたる。

著書に『100%、「好き！」を仕事にする人生』（日本実業出版社）、『なぜデンマーク人は初任給でイスを買うのか？』（きずな出版）がある。

LIFE STYLE DESIGN
―「遊び」と「好奇心」で設計する これからの生存戦略

2018年7月15日　第1刷発行
2018年8月15日　第3刷発行

著　者　　小澤良介

発行人　　櫻井秀勲
発行所　　きずな出版
東京都新宿区白銀町1-13　〒162-0816
電話03-3260-0391　振替00160-2-633551
http://www.kizuna-pub.jp/

印刷・製本　モリモト印刷

ISBN978-4-86663-039-7

きずな出版